Wolfgang Hund

Falsche Geister – echte Schwindler?

Inhalt

Tolerant ja – aber nicht ignorant!

»Ein Mann ging zu seinem Nachbarn, um sich einen ganz gewöhnlichen Löffel zu borgen. Der Gefragte gab ihm einen Löffel und freute sich, dass er ihm den kleinen Gefallen tun konnte.
Am nächsten Tag brachte ihm der Nachbar aber nicht einen, sondern zwei Löffel zurück. Erstaunt fragte der Verleiher: »Warum denn zwei, ich habe Ihnen doch nur einen geliehen?«
Ohne Zögern wurde ihm geantwortet: »Der Löffel, den Sie mir geliehen haben, war schwanger. Während der Nacht wurde ein zweiter geboren.«
»Der Mann muss verrückt sein oder sonst ein Narr«, dachte sich der Verleiher.
Nichtsdestotrotz nahm er beide Löffel und sagte dazu kein weiteres Wort mehr.
Am nächsten Tag kam der Nachbar wieder. Dieses Mal fragte er, ob er sich einen silbernen Kerzenleuchter borgen könne.
»Warum eigentlich nicht?« dachte sich der Gefragte. »Morgen wird er mir wahrscheinlich vier Kerzenleuchter zurückbringen. Das wird ein guter Verdienst sein für mich.«
Ohne weiteres Zögern überließ er deshalb seinem Nachbarn einen sehr wertvollen silbernen Kerzenleuchter.
Am Tag darauf ließ sich aber niemand sehen. Der Mann wartete einen zweiten Tag und einen dritten. Kein Nachbar und kein Kerzenleuchter!
Wütend rannte der Verleiher zum Nachbarhaus und fragte entrüstet: »Wo ist mein Kerzenleuchter?«
Mit ruhiger Stimme teilte ihm der Nachbar mit, dass

sein Kerzenleuchter leider während der Nacht gestorben sei.
»Sie sind ja verrückt!«, begann der Mann zu schreien. »Wie soll es möglich sein, dass Kerzenleuchter sterben, Sie Narr?«
»Das ist sehr einfach«, antwortete der Nachbar. »Wenn Sie glauben, dass Löffel geboren werden können und Sie deshalb keinen Moment zögern, sie anzunehmen, warum soll es dann nicht möglich sein, dass sie sterben können?«
Jeder Leser kennt wahrscheinlich aus seiner Schulzeit die (berüchtigte) Frage: »Was will uns der Dichter damit sagen?«
Erweitert: Warum stelle ich diese Erzählung an den Anfang? Weil es immer darum geht, dass wir sehen, was wir sehen wollen, das hören, was wir hören, und das glauben, was wir glauben wollen. Oft genug um des eigenen (nicht immer materiellen) Vorteils willen.
Beim dauernden Umgang mit Menschen, die persönlich große Schwierigkeiten aufgrund der Beschäftigung mit esoterischen – okkulten – magischen – irrationalen – abergläubischen Praktiken bekamen, lernt man auch schnell, dass es im Grunde kein »harmloses Experimentieren« damit gibt. Sicher bekommt nicht jeder, der Pendeln oder Gläserrücken ausprobiert, der zur Wahrsagerin oder zum Astrologen geht, der Bachblütenessenzen trinkt oder den Wünschelrutengänger konsultiert, Probleme damit. Man sollte allerdings nicht leichtfertig zu verführerisch einfachen Antworten auf komplizierte Fragen greifen. Die Verantwortung für das eigene Leben kann einem nun mal keine magische Methode und kein paranormales Medium abnehmen. Allzu leicht kommt man aber eventuell in eine Situation, in der die Handlungsfreiheit verloren geht. »Die Geister, die man rief, wird man nicht mehr los.« Nicht

im Sinn von weißgekleideten Gespenstern, die zur Mitternacht durch die Gänge huschen, sondern im Hinblick auf psychische Prozesse, denen wir alle unterliegen. Dies zeigen deutlich die Fallbeispiele, die ich den meisten Kapiteln vorangestellt habe. Sie wurden ausgewählt aus einer Vielzahl von Fällen, die ich selbst erlebt oder in den Ratgeberspalten verschiedener Zeitschriften gefunden habe. Ein wichtiges Kriterium dabei war, dass es Beispiele sind, die unabhängig vom im Text angeführten Datum immer wieder so oder ähnlich vorkommen. Manchmal in verblüffender Ähnlichkeit über Jahrzehnte hinweg.

Wenn in »Jugendzeitschriften« seitenweise unkritisch magische Praktiken hochgejubelt werden, ist dies oft genug »Geisterbahn zum Nulltarif«. Vordergründig wird zunächst niemandem konkret geschadet, langfristig aber eine irrationale Geisteshaltung bei jungen Menschen grundgelegt. Ein Beispiel, das gerade beim Schreiben dieser Zeilen beim Händler ausliegt: Zeitschrift »Mädchen«, Heft 19/1999; Überschrift »Aberglaube – Liebeszauber: Mit kleinen Ritualen und Orakeln wollte man schon vor Jahrhunderten der Liebe auf die Sprünge helfen. Egal, ob du abergläubisch bist oder nicht: Ausprobieren macht garantiert jede Menge Spaß!« Es folgen eine Reihe von »13 wundersamen Bräuchen, die vielleicht auch dich deinem Traumboy ein wenig näher bringen«. Beispiele: »Salz für die Liebe: Zunächst sollst du einen Fingerhut voll Salz essen und dann – bitte vorsichtig – rückwärts drei Stufen hinabsteigen. Danach wird dir dein nächster Freund im Traum erscheinen.« Oder: »Gefühle auf Trab: Einen sanften Kick kannst du seinen Gefühlen verpassen, indem du dich nackt schlafen legst. Vorher musst du allerdings deinem Bett einen Tritt verpassen und dann rückwärts in die Laken springen.« Oder: »Geschmack-

voll: Trage ein Zuckerstück längere Zeit unter deiner Achsel und schmuggel es ihm dann in ein Getränk. Das soll seine Zuneigung wecken!«
Sicher ist es kribbelnd, auch endlich ein paranormales Erlebnis zu haben, als immer wieder mühsam rationale Erklärungen suchen zu müssen für emotionale »Schocksituationen«, die wir alle immer wieder erleben. Jeder hat zum Beispiel schon die Gänsehaut gespürt, wenn ein anderer Mensch genau das ausspricht, was man in diesem Moment denkt. Oder als man beim Telefonläuten schon »wusste«, wer anruft.
Ist man sensibel für derartige Vorgänge, fällt es in der Tat oft schwer, nicht an übernatürliche Vorgänge zu glauben. Ein rationales Nachforschen ist oft genug – außer in Ausnahmefällen – auch gar nicht möglich.
Man muss kein »unverbesserlicher Superrationalist« sein, wenn man nicht gleich den einfachen, verführerischen Weg der Magie geht! Unvergessen ist meiner Frau und mir ein Autobahnerlebnis. Nach einer langen Zeit, in der wir schweigend dahinfuhren, schlug ich »plötzlich« vor, wieder einmal tanzen zu gehen. Meine Frau zuckte heftig zusammen und stammelte: »Genau das wollte ich im Moment auch sagen.« Die ganze Fahrt über, die Tage, Wochen und Monate vorher war dies kein Thema zwischen uns! Da wir damals bereits kurz vor der Silbernen Hochzeit standen, liegt es nahe, an Gedankenübertragung zu denken. Zwei Menschen, die sich so gut kennen, verständigen sich wohl durch Telepathie. Oder? Wenig später löste sich dieses Rätsel zufällig: Jahre zuvor hatten wir Urlaub im Allgäu gemacht und waren damals jeden Tag nach Hindelang in ein Tanzlokal gefahren. Jetzt – bei dieser Fahrt – fuhr einige Zeit ein LKW mit der Planenaufschrift »Hindelanger Käse« vor uns her. Keiner von uns beiden registrierte das in diesem Augenblick bewusst und

»schaltete« auf die frühere Erfahrung. Lange, nachdem der Lastwagen überholt worden und längst außer Sicht war, setzte die gemeinsame Erfahrung die Erinnerungen in Gang. Irgendwann schließlich kam es dann zu der Äußerung, die zunächst unter die Haut ging. Erst das – in diesem Fall – mögliche Nachforschen brachte die »übernatürliche Seifenblase« zum Platzen. Inzwischen sind uns schon oft ähnliche Situationen begegnet, die allerdings rational nur teilweise zugänglich sind. Beweisbar im naturwissenschaftlichen Sinne ist keine davon.

»Ob eine schwarze Katze Glück bringt oder nicht, hängt einzig und allein davon ab, ob man ein Mensch ist – oder eine Maus!« An diesen Ausspruch des bekannten »Tierprofessors« Bernhard Grzimek muss ich immer wieder denken, wenn ich in der Diskussion über esoterisch/okkulte Themen merke, dass die Einschätzung derselben Situation bei beteiligten Personen völlig verschieden ist. Oft muss man sich dann damit abfinden, dass keine gemeinsame Basis vorhanden und deshalb ein von beiden Seiten akzeptables Ergebnis des Gesprächs nicht zu erwarten ist.

Manchmal allerdings wird dies auch gar nicht gewünscht. Der französische Schriftsteller Romain Rolland hat meine – leidvollen – Erfahrungen vor allem mit religiösen Fundamentalisten und Anhängern von Psychokulten schon früher auf den Punkt gebracht: »Eine Diskussion ist unmöglich mit jemandem, der vorgibt, die Wahrheit nicht zu suchen, sondern schon zu besitzen!« In all den Jahren der Beschäftigung mit diesen Thematiken wurde ich weder von Satanisten noch von Hellsehern, Astrologen, Rutengängern usw. so heftig und in übelster, diffamierender Weise angegriffen wie von Seiten religiöser Fundamentalisten, die allein die gedankliche Beschäftigung mit diesem Bereich als »vom

Teufel gemacht« annehmen. Mitglieder von Sekten bzw. Psychokulten wiederum unterstellen, dass man sich überhaupt nicht zu diesen Themen äußern dürfe, bevor man nicht den entsprechenden Erleuchtungsgrad erreicht habe. Vor allem von Astrologen, Wünschelrutengängern und Anhängern bestimmter paramedizinischer Verfahren wird gefordert, dass man sich gefälligst erst einmal jahrelang intensiv mit der Materie befassen solle, bevor man Kritik übt oder unbequeme Fragen stellt. Der Hinweis auf die »zahlreichen Anhänger von XY in aller Welt« zieht ebenfalls nicht, denn: »Die Wahrheit hat nichts zu tun mit der Zahl der Leute, die von ihr überzeugt sind« (Paul Claudel).

All dies sind Immunisierungsstrategien, mit denen man eine Mauer zwischen sich und anderen aufbauen will, um sich gegen kritisches Nachfragen abzuschotten. Diese Methode war bereits bei den steinzeitlichen Schamanen erfolgreich. Der vielgeschmähte »gesunde Menschenverstand« allerdings sollte auch in solchen Situationen angeschaltet werden. Es gibt logisch schlüssige Fragen zu allen Bereichen, die gestellt werden dürfen und müssen. Vor allem dort, wo zweifelsfrei kommerzielle oder Machtinteressen dahinter stehen, wo mit der Not, mit den Problemen der Mitmenschen Schindluder getrieben wird, wo leichtfertig Behauptungen in die Welt gestellt werden, ohne dass man handfeste Belege dafür bringt, muss es erlaubt sein, nachzufragen.

Zu lange wurde aus meiner Sicht der Begriff der Toleranz überstrapaziert, wurden werterzieherische Tendenzen aus falsch verstandener Duldung missachtet. Tolerant kann man gegenüber Menschen sein, aber nicht gegenüber Weltanschauungen, wie mir der verstorbene evangelische Sektenbeauftragte Pfarrer F.-W. Haack deutlich machte.

Die immer wieder (manchmal sehr leichtfertig) geforderte Offenheit nach allen Seiten für andere Weltanschauungen hat ihre Grenzen. Ebenso endet das Recht auf die »persönliche Dummheit«, das in der freiheitlichen Demokratie jeder Bürger besitzt, dort, wo Kinder und Jugendliche betroffen sind. Auch psychisch und physisch kranke Menschen haben nicht mehr die freie Wahl der Entscheidung, benötigen Hilfe in persönlichen Notlagen und Schutz vor Scharlatanen. Wer nach allen Seiten offen ist, kann nicht ganz dicht sein – und übersieht die oft tragischen Folgen falsch verstandener Toleranz. Wir sind nun mal nicht nur dafür verantwortlich, was wir tun, sondern auch für das, was wir nicht tun, wie schon Moliére schrieb.

Die drei großen Kapitel dieses Buches zu den Bereichen Wahrsagen, Spiritismus und alternativer Medizin wurden beispielhaft ausgewählt, weil hier immer wieder auftretende Mechanismen besonders deutlich werden. Dabei wird in keiner Weise der Anspruch eines allumfassenden Überblicks, einer »Entzauberung« des gesamten paranormalen Gebiets erhoben. Wenn nach dem Lesen aber ab und zu wenigstens der Ausruf kommt: »Schau hin, der Kaiser hat keine Kleider an«, wäre einiges erreicht.
Im Hinblick auf die leichtere Lesbarkeit wurde darauf verzichtet, im laufenden Text zu viele Literaturangaben zu machen. Die im Anhang angegebene kritische Literatur kann bei Interesse weiterhelfen.
Manche Leserin, mancher Leser mag durch die dazwischen gestreuten »Anzeigen« zunächst verwirrt werden. Echt oder nicht? Übertrieben oder wahr?
Diese »Anzeigen« (inzwischen sind es über 55) sind das Ergebnis meiner persönlichen Psychohygiene. Ab und zu macht sich die Anspannung nach der Begegnung mit

sehr ernsten, konkreten Fällen Luft, indem ich einfach weiterdenke. »Was wäre, wenn ...« man das ernst nähme, was behauptet wird?
Dass es dabei eigentlich keine Übertreibungen gibt, zeigen viele ernsthafte (!) Anfragen nach den beschriebenen Produkten. Manchmal musste ich ein telefonisches Gespräch mit Grausen abbrechen, weil dem Anrufer nicht beizubringen war, dass es sich um eine scherzhaft gemeinte »Anzeige« handelte. In mehreren Fällen hat mich außerdem die Realität bereits überholt. Können Sie erraten, in welchen?
Man kann in der Tat den größten Unsinn sagen oder schreiben. Wenn man dies nur mit einem ernsten Gesicht, mit fester Stimme und großer Selbstsicherheit tut, wird man immer Menschen finden, die einem glauben!
Das Augenzwinkern, das hinter den »Anzeigen« steckt, möge bitte immer mitgedacht werden. Es schadet durchaus nicht, wenn man bei allen Problemen und Schwierigkeiten manchmal auch schmunzelt. Um es mit den Worten Tucholskys zu sagen: »Satire darf alles!«
In seinem Buch »Der Drache in meiner Garage oder: die Kunst der Wissenschaft, Unsinn zu entlarven« (München 1997) meint der verstorbene Wissenschaftsjournalist Carl Sagan beim Thema »Entführungen durch Außerirdische« (Seite 234): »Aufgeschlossenheit, Offenheit ist eine Tugend – aber man möge doch ... nicht so offen sein, dass einem das Gehirn herausfällt. Natürlich müssen wir bereit sein, unsere Meinung zu ändern, wenn neue Beweise dies notwendig machen. Aber sie müssen schon entsprechende Beweiskraft haben. Das kann nicht jedes Wissen für sich beanspruchen. In den meisten Fällen von Entführungen durch Außerirdische entspricht das Beweisniveau in etwa

dem Standard der Erscheinungen der Jungfrau Maria im mittelalterlichen Spanien. ... Was also ist eher wahrscheinlich: dass wir es mit einer gewaltigen, aber im allgemeinen nicht bemerkten Invasion durch außerirdische Sexualverbrecher zu tun haben oder dass Menschen irgendeinen unbekannten inneren Zustand erleben, den sie nicht verstehen? Zugegeben, wir wissen genauso wenig über extraterrestrische Wesen, falls es welche gibt, wie über die Psychologie des Menschen. Aber falls dies wirklich die einzige Alternative wäre – für welche Möglichkeit würden Sie sich entscheiden?«

Hersbruck, im April 2000 *Wolfgang Hund*

Anzeige

VERKAUFE

mein nur zweimal benutztes,
energetisch also noch völlig intaktes

LOTTOZAHLEN - PENDEL

Treffergarantie des Herstellers gilt noch für ein halbes Jahr; ebenso ist ein zweimaliges kostenloses magisches Aufladen enthalten

Diese Chance erhalten Sie nur einmal im Leben!

Zusatzeinrichtungen: Aufschraubbar mit innerem Hohlraum zum Umrüsten auf andere Wettspiele (Pferdedung/ Hundehaare - entsprechende Rennen, Fußballerschweiß - Toto; Hühnerfedern - Hahnenkampf; Insektenteile - Kakerlakenrennen usw.)

Preis (VB): 398,50 DM plus MWSt und NN

Ein (generalüberholtes) Qualitätsprodukt des Instituts für holistische Transformationsmetaphysik, zertifizierter Dipl. - Inspirationsmoderator und magischer Energetiker Wolfgang Dog

Sagen *Wahr*sager die *Wahr*heit?

1. Fallbeispiele

»Bis vor etwa zwei Jahren waren wir glücklich verheiratet. Dann ging mein Mann erstmals zur Kartenlegerin. Er glaubt alles, was sie sagt, und richtet sich ohne Rücksicht auf mich danach. Da einige Voraussagen eintrafen, weiß ich auch nicht, was ich davon halten soll. Seit seinem letzten Besuch bei ihr wurde unser Leben zur Hölle. Aus den Karten las die Frau, dass er mit 38 stirbt. Seit die Karten seinen Tod prophezeiten, bereitet sich mein Mann darauf vor, denn er wird in wenigen Wochen 38. Er hat mit dem Leben abgeschlossen. Gestern kaufte er ein Grab. Seine Arbeit gab er auf und verschleudert unser ganzes Geld. Sage ich etwas dagegen, meint er, das letzte Hemd habe keine Taschen. Sagen Sie mir ehrlich, soll man Voraussagen glauben?« (Mari-Ann K., 36 Jahre, in: Neue Post 12/1989)

»Durch meine Schwiegermutter, die wie ich sehr abergläubisch ist, habe ich Kontakt zu einem Schweizer Hellseher bekommen. Viel Geld habe ich seitdem für seine Glücksamulette und Zukunftsvorhersagen ausgegeben. Am Anfang schien es auch wirklich zu helfen. Ich gewann im Lotto und fand eine neue Arbeit. Bei meinem Mann allerdings versagen alle »Glücksbringer«. Er ist leider seit Jahren krank. In meiner Not habe ich noch einmal 500 Mark ausgegeben und ein Halbjahres-Horoskop für mich und meinen Mann bestellt. Stellen Sie sich vor: Darin steht, dass wir gar nicht zusammenpassen, dass wir uns scheiden lassen sollen und dass ich mir einen anderen Partner suchen soll.

Dabei sind wir seit 16 Jahren glücklich verheiratet und haben zwei prachtvolle und sehr anhängliche Kinder. Was soll ich nur tun? Einerseits habe ich allmählich Zweifel an den Fähigkeiten dieses Hellsehers, andererseits bin ich ziemlich in seinem Bann. Und immerhin hat er mir ja auch schon geholfen...« (Erna O., in: Das Neue Blatt 1/1991)

»Letztes Jahr war ich bei einer Wahrsagerin, die mir vorausgesagt hat, dass ich mit 15 mit einem Jungen schlafe. Sie meinte, er würde mich nur ausnutzen. Ich bin jetzt gerade 15 geworden und hätte so gerne eine Beziehung mit einem Jungen, der es wirklich ernst mit mir meint. Außerdem hat sie mir noch gesagt, dass ich sehr früh ein Kind bekomme und mich der Vater des Kindes sitzenlässt. Dabei nehme ich Verhütung sehr ernst. Ich bin jetzt echt verzweifelt, weil ich merke, dass ich keinem Jungen trauen kann. Wird das alles eintreffen, was die Wahrsagerin gesagt hat?« (Sabine, 15, in: BRAVO 45/1994)

»Aus Neugier war ich kürzlich bei einer Wahrsagerin. Sie hat sich erst eine Weile mit mir unterhalten und dann aus meinen Händen gelesen. Das Ergebnis war erschütternd. Meine Mutter wird sterben. Zuerst wollte ich nicht daran glauben. Aber dann fiel mir ein, dass die Wahrsagerin auch Sachen von früher wusste, die ich ihr nicht erzählt hatte. Den Besuch bei ihr habe ich längst bitter bereut. Denn nun lebe ich in der Angst, dass ihre Prophezeiung eintreffen wird.« (Uschi B., 39 Jahre, in: Neue Post 34/1996)

»Vor einem Jahr las mir eine Wahrsagerin aus der Hand. Sie sagte, dass ich (22) meinen Freund, mit dem ich schon drei Jahre glücklich zusammenlebe, heiraten werde und von ihm zwei Söhne bekomme. Aber mein Freund würde mit 40 Jahren durch einen Berufsunfall (er ist Forstwirtschaftsmeister) sterben. Seitdem bin ich fix und fertig, habe Albträume und solche Angst um ihn.« (Bild der Frau, 51/1992)

»Bis vor sechs Monaten war unsere Schwiegertochter Ilse ein fröhlicher Mensch, den alle liebten. Aber dann kam plötzlich eine Veränderung, die uns alle tief besorgte. Sie isst kaum noch, schläft nur mit Tabletten, steht kurz vor dem Nervenzusammenbruch. Der Arzt ist ratlos, Mann und Frau sind verzweifelt. Mir gestand sie schließlich, dass ihre Freundin sie zur Wahrsagerin geschleppt hatte. Diese sagte Unheil voraus: Ihr Mann würde sie verlassen, den Kindern stehe ein hartes Schicksal ins Haus. Sie müsse absolut schweigen und jede Woche zur Beratung kommen, um Schlimmeres zu verhindern. Nun hört unsere Schwiegertochter nur auf den Rat dieser Wahrsagerin, die sie so sehr verängstigt. Unser Sohn und der Arzt ahnen von allem nichts. Es gelingt mir nicht, unsere Schwiegertochter zu überzeugen, dass Wahrsagerei Hokuspokus ist. Die Frau habe ihr viel über Vergangenes gesagt, was sie nicht wissen könne. Das beweise, dass sie hellsehe.« (Hanna S., 64 Jahre, in: Neue Post 45/1988)

Diese unter die Haut gehenden Leserbriefe an »Briefkastentanten« könnte ich um viele weitere, selbst erlebte Beispiele ergänzen. So individuell die Einzelfälle auch erscheinen, zeigen sie doch Gemeinsamkeiten und übertragbare Merkmale auf, die verallgemeinert werden können:

- Es gibt viele verschiedene Methoden, mit denen heutzutage Wahrsager und Hellseher arbeiten: Handlinienlesen, Kartenlegen, Graphologie, Astrologie, das Pendel oder die Kristallkugel, um nur einige gebräuchliche Möglichkeiten und Hilfsmittel zu nennen.

- Die Mehrzahl der Kunden von Wahrsagern und Hellsehern ist weiblich.
- Es werden, zumindest manchmal, erstaunliche »Honorare« verlangt und bezahlt. »Vom Wahrsagen lässt sich's wohl leben in der Welt, aber nicht vom Wahrheitsagen!« (G.C. Lichtenberg)
- Am Anfang steht oft die Neugier als Motiv für den Besuch bei einer Wahrsagerin. Später kommen dann das Hilfesuchen bei persönlichen Problemen, die Hoffnung auf Unterstützung bei anstehenden Entscheidungen hinzu.
- Die Aussagen der Wahrsager werden (ähnlich wie die des Arztes) »auf die Goldwaage« gelegt, ganz genau und wörtlich registriert, immer wieder auf ihre Bedeutung hinterfragt.
- Die angeblichen Treffer der Wahrsager in Bezug auf das vergangene Leben werden als Beweis für »echtes Hellsehen« gedeutet. Deshalb müssen dann wohl auch die Aussagen über die Zukunft richtig sein.
- Viele Bemerkungen (vor allem die negativen) treffen so stark, dass sie die Kunden nicht mehr loslassen. Im Unterbewusstsein arbeitet es weiter und die Ängste verstärken sich, so dass sie das ganze Leben bestimmen. Manche Aussagen von Wahrsagern schlummern oft lange Zeit im Verborgenen. Naht die Zeit des vorhergesagten Ereignisses dann wirklich, tauchen sie urplötzlich und vehement wieder auf.
- Die Betroffenen sind vernunftmäßigen Argumenten (»Wahrsagerei ist Hokuspokus«, siehe den letztgenannten der oben angeführten Fälle) meist nicht zugänglich. Die Vorgänge spielen sich in der »Bauchge-

gend«, im Gefühl ab, nicht auf der »Kopfebene«, der des Verstandes.

- Die Beziehungen zu den Mitmenschen in Familie und Bekanntenkreis werden extrem belastet, wobei die eigentliche Ursache für die Angehörigen oft nicht erkennbar ist.
- Die Verantwortung für das eigene Leben wird abgegeben an Personen, die angeblich übernatürliche Fähigkeiten besitzen. Dies kann (oft unmerklich) abhängig machen.
- Medienkritisch ist anzumerken, dass die Veröffentlichung derartiger Briefe auf der Ratgeberseite manche Redaktionen nicht daran hindert, wenige Seiten weiter handfeste Anleitungen zum Pendeln, zum Tarotkartenlegen oder zur Erstellung des eigenen Horoskops zu geben. Vor allem bei den Jugendzeitschriften ist dies immer wieder sehr deutlich zu finden.

Der zweitälteste Beruf der Welt? Der mit magischen Kräften begabte Medizinmann, Zauberer, Wahrsager, Schamane!

In der Tat sehnten sich die Menschen schon vor Jahrtausenden danach, einen Blick in die Zukunft werfen zu können, um bei anstehenden Entscheidungen Hilfe zu erhalten. Oft wird dabei das Beispiel des Königs Krösus zitiert, der vor einem Feldzug gegen die Perser das Orakel von Delphi befragte. Die Antwort lautete: »Wenn du den Halys überschreitest, wirst du ein großes Reich zerstören!« Siegessicher tat er dies – und verlor den Krieg. Das große Reich, das er 547 v. Chr. zerstörte, war sein eigenes. Das Orakel hatte (wieder einmal?) Recht, womit zumindest seine Fähigkeit in Bezug auf doppeldeutige Aussagen bestätigt wurde.

Überall auf der Welt, zu allen Zeiten und in allen Kulturen wurde von besonderen »Medien« (das sind als pa-

ranormal begabt angesehene Menschen) behauptet, dass sie mit Hilfe magischer Methoden in der Lage seien, künftige Ereignisse vorherzusehen. Indianische Medizinmänner warfen Knöchelchen, Germanen Runensteine, die Römer deuteten unter anderem den Vogelzug oder die Innereien von Opfertieren.
Die Methode selbst, das Hilfsmittel ist dabei zweitrangig. »Eigentlich brauche ich die Dinge gar nicht, aber die Kundschaft wünscht den Hokuspokus«, sagte mir einmal hinter vorgehaltener Hand eine Wahrsagerin.
Heutzutage finden bestimmte Methoden wieder häufiger Anwendung, nachdem sie im Laufe der Jahrhunderte völlig verschwunden waren, bis sie im Zuge des härter gewordenen Konkurrenzkampfes auch in dieser Szene von einem findigen Hellseher wieder ausgegraben und als neu verkauft wurden. Die Deutung und der daran anschließende Orakelspruch erfolgen aufgrund entsprechender Beobachtungen:

- der Lage von Schafgarbenstängeln zueinander: I Ging;
- der Lage von Karten: Tarock/ Tarot;
- des Zusammentreffens von Zahlen bei einem Menschen oder einem Ereignis: Numerologie;
- von Bildern, die im Wasser oder im Spiegel entstehen: Katoptomantie;
- der Art der Flammen von Opferfeuern: Pyromantie;
- der Bewegung von Quellwasser, in das Gegenstände geworfen werden: Hydromantie;
- des Fressverhaltens von Vögeln: Vogelfraß;
- des Verhaltens von Katzen: Felidomantie;
- der Gangart von Pferden bei Prozessionen: Hippomantie;
- des Verhaltens von Fischen: Ichthyomantie;
- der Reflexion von Kerzenlicht auf Edelsteinen: Lithomantie;

– der Stirnfalten eines Menschen: Metopomantie;
– des Verhaltens und der Geräusche von Mäusen und Ratten: Myomantie;
– der Farbe und des Geschmacks von Weinen: Oenomantie;
– von Träumen und nächtlichen Visionen: Oneiromantie;
– des Widerscheins von Sonnenlicht auf den Fingernägeln: Onychomantie;
– der Formen und des Zuges von Wolken: Nephelomantie;
– des Wachstums von Zwiebeln: Chromniomantie;
– der Art von hysterischem Gelächter: Gelomantie;
– des Verhaltens von Schlangen: Ophiomantie;
– der Formen, die beim Tropfen von Eiweiß in Wasser entstehen: Ovomantie;
– der Geräusche, die entstehen, wenn man Rosenblätter gegen die Hand schlägt: Phyllorhodomantie;
– der Kerben am Schulterknochen eines Tieres: Skapulomantie;
– des Aussehens und der Beschaffenheit der Leber von Opfertieren: Hepathoskopie;
– des Stammelns einer Person in Ekstase: Chresmomantie;
– der Art der Spiegelung von Kristallen: Kristallomantie;
– der akustischen Wirkung von Becken und Schalen: Lekantomantie;
– der Formen des Vogelflugs: Ornithomantie;
– der Figuren von in Wasser gegossenem Wachs: Keromantie;
– der Handformen und des Verlaufs von Handlinien: Chiromantie;
– der Flammenform von leuchtenden Fackeln: Lychnomantie;

– der Zahl und Farben von blind aus einem Originalbeutel gezogenen Fruchtgummifiguren: Gummibärchenorakel (neuzeitliche Form, gesponsert von ...?).
Und viele andere Methoden mehr.

Die grundlegenden Mechanismen sind dabei immer die gleichen, egal ob es sich um die heute fast überall anzutreffende Astrologie handelt oder um das Kaffeesatzlesen (das durch den Filterkaffee vom Aussterben bedroht war ...).
Gegenwärtig sollen im deutschen Sprachraum zwischen 50 000 und 100 000 Wahrsager und Hellseher tätig sein. Genaue Zahlen werden wohl auch nicht annähernd zu erhalten sein, weil viele der »Medien« ihrem magischen Gewerbe in Hinterzimmern, auch nebenbei, nachgehen. Die erbetenen oder verlangten »Spenden« bzw. Honorare sind ebenfalls sehr unterschiedlich.

2. Der Star der Wahrsager: Nostradamus

Bis in die heutige Zeit wird immer wieder Michel de Notredame (1503–1566) als Kronzeuge für das Eintreffen von Prophezeiungen herangezogen. Von ihm heißt es, er habe aus Angst vor der Inquisition die in Trance erhaltenen prophetischen Eingaben nach einem raffinierten Schlüssel chiffriert. Seit Jahrzehnten erscheinen immer wieder neue Bücher, die behaupten, endlich die geheimnisvollen Andeutungen in altfranzösischer Sprache auf vergangene oder zukünftige Ereignisse übertragen zu können.
In der Tat war Nostradamus ein universell gebildeter Humanist, der an der Grenze zwischen Wissenschaft und Okkultismus forschte. Daneben aber verstand er

sich vor allem auch als Dichter, der Freude am Verfassen von Vierzeilern (Quatrains) hatte. Ob damit tatsächlich Vorhersagen von zukünftigen Ereignissen gemeint waren, wird von ernsthaften Forschern allerdings bezweifelt. Jedenfalls konnte bis heute weder ein bestimmter Vers einem konkreten, vergangenen Ereignis unzweifelhaft zugeordnet werden noch war es möglich, ein zukünftiges Ereignis eindeutig und sicher vorherzusagen.
Als Beweis für die seherischen Fähigkeiten Nostradamus' wird immer wieder ein Quatrain herangezogen, um den sich mittlerweile Legenden ranken. Angeblich soll er darin den Tod des Königs Heinrich II. detailliert vorhergesagt haben (Centurie I, Vers 35):

»Der junge König wird den alten überwinden
auf dem Schlachtfeld bei Einzel-Zweikampf.
Im goldenen Käfig sticht er ihm die Augen aus
Von zwei Flotten setzt eine sich durch,
der Besiegte stirbt einen grausamen Tod.«

Tatsächlich wurde Heinrich II. 1559 durch eine Lanze des Grafem von Montgomery getötet, als bei einem Turnier dessen Waffe durch das Helmvisier drang und ihn an einem Auge schwer verletzte. Die Königinwitwe Katharina von Medici reiste daraufhin höchstselbst zu Nostradamus und protegierte ihn in der Folgezeit.
Eine verblüffende Vorhersage? Auf den ersten Blick schon. Aber: Es gibt praktisch keine Übereinstimmung mit den historischen Fakten, was von den Anhängern des Sehers tunlichst verschwiegen wird:

- Heinrich war zum Zeitpunkt seines Todes 40 Jahre alt; der ihn tötende Hauptmann der Leibwache war ungefähr gleichaltrig. Es wurde also kein »alter« durch einen »jungen« König überwunden.

- Es gab keinen jungen »König«; Montgomery war ein schottischer Graf.
- Der Tod erfolgte nicht auf einem Schlachtfeld, bei keinem ernsthaften Zweikampf, sondern bei einem freundschaftlichen Turnier, das mit einem unbeabsichtigten Unfall endete.
- Ob mit dem »goldenen Käfig« das wahrscheinlich durchaus prächtig verzierte Helmvisier gemeint sein soll, darf ebenfalls bezweifelt werden.
- Es wurde nur ein Auge getroffen.
- Die letzte Zeile bleibt völlig im Dunkel der Deutungen.

Bereits 1981 schrieb der SPIEGEL (Heft 53/1981, Seite 91): »Seit dem Asthma- und Wassersucht-Tod des Nostradamus am 2. Juli 1566 (dessen Ankündigung am Abend zuvor für den Meister eine Kleinigkeit war), hat es etwa 400 Interpretationen seiner verschlüsselt niedergeschriebenen Prophetien gegeben. Wo immer in den vergangenen vierhundert Jahren ein Gaul mit zwei Schädeln das Heu der Welt erblickte, eine königliche Urlaubergruppe in einer Gletscherspalte verschwand oder ein Erdgezitter ein Gotteshaus verschluckte, griff stets ein Nostradamit zu Federkiel oder Schreibmaschine und ›bewies‹ im Handumdrehen, dass Michel die Unbill längst notiert hatte.«
Bei herannahenden besonderen Tagen wird der »Seher von Salon« bis zum Überdruss zitiert und interpretiert. Sowohl die Jahrtausendwende als auch die Sonnenfinsternis am 11. August 1999 boten reichlich Gelegenheit dazu. So soll folgender Vers angeblich auf das letztere Ereignis gemünzt sein: »Im Jahre 1999 und sieben Monate wird ein großer König des Schreckens vom Himmel kommen und den großen König von Angolmois wiedererwecken, davor, danach regiert Mars zu guter

Stunde.« Liest man die darauf basierenden, zugegebenermaßen fantasievollen, Interpretationen der Nostradamus-Anhänger, so beschleicht einen das Gefühl, dass sich der Altmeister im Jenseits wohl köstlich darüber amüsiert.
Wie wir inzwischen alle wissen: Wir haben den Weltuntergang – wieder einmal – überstanden. Es wird allerdings nicht lange dauern, bis der »endgültige Schlüssel zu den chiffrierten Botschaften des Nostradamus gefunden« und in hoher Buchauflage unters gläubige Volk gebracht wird. Und wieder wird eine Tageszeitung mit der Titelzeile erscheinen können: »Meint er Schweinebraten oder den Dritten Weltkrieg?«

3. Astrologie

»Die Sterne lügen nicht!« – »Richtig!
Weil sie nicht reden können!«

3.1 Fallbeispiele

- »Ich war kurz mit einem Jungen befreundet, der ziemlich schnell zur Sache kommen wollte. Doch darauf hatte ich keine Lust, was ich ihm auch gesagt habe. Daraufhin behauptete er, dass ich als Steinbock-Girl beim Sex sowieso total blockiert wäre. Stimmt es tatsächlich, dass Mädchen und Jungs mit einem bestimmten Sternzeichen im Bett besser sind als andere?« (Corinna, 17 Jahre, in: BRAVO-Girl, Heft 8/1997)

- »Einer der Aspekte meines Grundhoroskopes ist eine 180 Grad-Opposition Venus – Saturn. Bin am 15. 1. 1948 geboren. Dieser Aspekt droht mein ganzes Leben zu ruinieren. Wer kann mir helfen (falls überhaupt möglich) zu entdecken, wie diese auf Verlust,

Isolation, Misserfolg und Leid programmierte Psyche in positive, aktive, freie Energie umprogrammiert werden kann? Zuschr. unter ... an die Redaktion.« (Kleinanzeige in: »esotera«, Heft 2/1989)

- »Ständig lese ich meine Horoskope und lasse mich von den Aussagen beeinflussen. Das geht schon so weit, dass ich einen Jungen, den ich kennenlerne, sofort nach seinem Sternzeichen frage und danach entscheide, ob er zu mir passt oder nicht. Meine Freundin macht sich darüber schon lustig. Aber sie meint auch, dass ich mir viele Chancen entgehen lasse, wenn ich mich immer nur an die Horoskope halte. Aber wie komme ich bloß davon los?« (Hanna, 16 Jahre, in: BRAVO-Girl, Heft 18/1995)

- »Als wir uns kennenlernten, habe ich darüber gelächelt und gedacht, es sei nur eine kleine Macke von ihr. Denn ihre erste Frage war: Was bist du für ein Sternzeichen? Erst im Laufe der Zeit habe ich begriffen, dass meine Frau horoskopsüchtig ist. Es gibt nichts, was sie tut, ohne vorher in das Tages- oder Wochenhoroskop zu gucken. Dann nervt sie die ganze Familie mit ihren Ratschlägen – Pläne werden umgeworfen, der Urlaub verschoben, Verabredungen abgesagt usw. Unser großer Sohn lacht darüber, aber unsere 17jährige Tocher ist völlig verunsichert. Vorgestern hat meine Frau sie sogar davon abgehalten, zu ihrer Lehrstelle zu gehen, weil die Sterne meiner Tochter sagten: ›Probleme mit dem Chef. Vorsicht, heute könnte Ihnen ein großer Fehler passieren.‹ Wie kann ich meine Frau von ihrem ›Hobby‹ abbringen?« (Herbert K., in: Das Neue Blatt, Heft 43/1998)

3.2 Kritikpunkte

Sicher werden einige Leser nicht damit einverstanden sein, dass ich die »Kunst der Sterndeutung« im Kapitel über Wahrsager und Hellseher einordne. Schließlich werden Horoskope für viele nicht dem Aberglauben oder Okkultismus zugerechnet, sondern gelten als eine »gesicherte« Form der Charakterdeutung und als eine seriöse Möglichkeit, »Tendenzen der Zukunft« herauszufinden.

Tatsächlich ist die Astrologie (bzw. sind ihre vielen verschiedenen Arten) seit Jahrtausenden in allen Kulturen zu finden. Immer hat die Menschheit – je nach Weltanschauung – versucht, im »Oben« einen Einfluss auf das »Unten« zu entdecken. Uralte, steinzeitliche Kultstätten sind nach astronomischen (!) Beobachtungen erbaut und zeigen die immerwährende Beschäftigung des Menschen mit den Gestirnen. »Was so alt ist, kann nicht falsch sein.« Die Übergänge zwischen der Astronomie und der Astrologie waren bis in die Neuzeit fließend, was z.B. Horoskope zeigen, die von Johannes Kepler (1571–1630) und anderen frühen Wissenschaftlern erstellt wurden.

Heute sind Astrologen allgegenwärtig, wie Kleinanzeigen auch in seriösen Tageszeitungen beweisen. Voller Abscheu distanzieren sich immer wieder »seriöse Astrologen« von der Vulgärastrologie der Zeitungen und Zeitschriften, die es nicht wagen, auf Tageshoroskope zu verzichten. Das hindert jedoch nicht einmal die Stars der Szene, derartige Texte zu verfassen, die eigentlich nur Unterhaltungswert besitzen.

Das mühsame Errechnen etwa der Sternenkonstellationen sowie die kunstvoll gestalteten Grafiken dazu mit vielen geheimnisvollen, magisch anmutenden, nur dem Insider verständlichen Zeichen übernimmt inzwi-

schen der Computer. Der Einzug der Elektronik auch in diese Sparte erlaubt sogar dem Laien, mit Hilfe entsprechender Software Charakteranalysen und Zukunftsprognosen zu erstellen.
Allerdings ist die Zunft vorsichtiger geworden: Seitdem Skeptikerverbände zumindest die konkreten Vorhersagen der Astrologen und Wahrsager zu Jahresbeginn sammeln und im folgenden Dezember überprüfen, weicht man immer mehr auf die psychologische Ebene aus: »Die Sterne zwingen nicht, sie machen nur geneigt.«
Womit wir wieder bei den allgemein zu übertragenden Merkmalen der Wahrsagerei wären!
Die »Gesellschaft zur wissenschaftlichen Untersuchung von Parawissenschaften e.V.« (GWUP) mit Sitz in Roßdorf bei Darmstadt etwa überprüft seit etlichen Jahren, ob die Jahresprognosen tatsächlich eingetroffen sind. Überschriften zu den entsprechenden Ergebnissen aus den »Nürnberger Nachrichten«:

- »Sterne lügen: Hellseher lagen 1990 voll daneben; Skeptiker überprüfen Propheten; Golf-Krise stand nicht in den Sternen«
- »Die Astrologen versagten: Keine einzige Vorhersage für 1992 traf tatsächlich ein; keiner sah Clinton als Sieger; Schwammiges als Treffer ausgegeben«
- »Die meisten Wahrsager sind Versager: Beim Blick in die Sterne für 1993 lagen Deutschlands Astrologen allesamt falsch; weder musste Kanzler Kohl zurücktreten, noch wurde Madonna nackt auf Skiern verhaftet«
- »Die Sterndeuter lagen 1994 wieder voll daneben: Die deutschen Fußballer kamen nicht ins WM-Finale, Bill Clinton regiert weiter und auch der Papst lebt immer noch; allein in Deutschland arbeiten rund

6000 Wahrsager – ihre Vorhersagen dienen aber den Astrologen vor allem zur Eigenwerbung«

- »Einmal mehr wurden Orakel zum Debakel: 1996 war ein schlechtes Jahr für die Astrologen: Mit konkreten Vorhersagen lichtjahreweit daneben; kein Bombenattentat auf Helmut Kohl und auch im All war Sterndeutern keine Sternstunde beschieden«
- »Die Wahrsager versagten: Seher-Gaben erwiesen sich 1997 erneut als Humbug; von 70 untersuchten Prognosen traf nicht eine einzige ein«
- »Für Hellseher war auch 1998 ein rabenschwarzes Jahr: Wissenschaftler nahm 68 Prognosen von 21 Astrologen, Kartenlegern und anderen ›Propheten‹ unter die Lupe; weder Wahlsieg für Helmut Kohl noch WM-Titel für Vogts-Team; keiner sagte rot-grünes Bündnis korrekt voraus; Geld verplempert«
- »Eine miese Bilanz der Hellseher: Selbst bei Wahlen falsch getippt – von Lafontaine überrascht« (1999)

Nach einer SPIEGEL-Umfrage kannten bereits 1974 98% aller Deutschen ihr Tierkreiszeichen, 58% lesen gelegentlich ihr Horoskop in der Zeitung und 45% halten einen Einfluss der Sterne auf das menschliche Leben für möglich, 33% als objektiv gegeben. 1999 befragte die Zeitschrift FÜR SIE (Heft 10/1999, Seite 3) 1000 Frauen zum Thema. Die Ergebnisse: 58% sind fest davon überzeugt, dass vieles im Leben – zum Beispiel Schicksalsschläge, Begegnungen mit Menschen, Glück und Todesalter – vorbestimmt ist. 55% lesen ihr Horoskop regelmäßig, weil sie sich für astrologische Voraussagen über Liebe, Gesundheit und Geld interessieren. 49% sagen, dass astrologische Vorhersagen in ihren Horoskopen sehr häufig zutreffen. 25% geben an, neben dem eigenen auch regelmäßig das Horoskop des Partners zu lesen. Einerseits um ihm Tipps zu geben –

andererseits, um herauszufinden, ob sich die astrologischen Tendenzen ergänzen. 10% der Frauen haben schon einmal einen Wahrsager aufgesucht, um etwas über die eigene Zukunft zu erfahren.
Ist es da überhaupt noch angebracht, kritische Einwände zu bringen? Schließlich wird die Astrologie von vielen durchaus als »Wissenschaft« angesehen.
Wer wagt schon, auf einer Party nach der Frage bezüglich des eigenen Sternzeichens zu sagen: »Ich glaube nicht an Astrologie«? Leicht gerät man dabei in Gefahr, mit Aszendenten, Häusern, Trigonen und anderen geheimnisvollen Begriffen überschüttet zu werden, bei denen man passen muss. »Bevor Sie sich erdreisten, die Astrologie zu kritisieren, müssen Sie erst mal mindestens zehn Jahre diese uralte Erfahrungswissenschaft studiert haben!« Dieser immer wieder gehörte Satz ist reine Immunisierung gegen Kritik und kann so nicht hingenommen werden.
Auch wenn man die von astronomischer Seite bezüglich astrologischer Behauptungen vielfach geäußerten Kritikpunke beiseite lässt, weil sie vom Laien oft nur ansatzweise verstanden werden können, bleiben genügend Kritikpunkte übrig. Auf einige soll im folgenden eingegangen werden:

- Die Namen der Planeten

»Mars fördert die Bösartigkeit des Menschen, putscht Soldaten, Mörder und anderes Gesindel auf, stiftet zu Vergewaltigung und Mord an, freut sich über die Toten auf Schlachtfeldern und ergötzt sich an Ruinen« (Zeitschrift MYTHOS, Heft 1/1994). Menschen mit Mars im Aszendenten oder anderswo sind entsprechend negativ belastet.
Stellen wir uns vor, wie vor langer, langer Zeit zwei Römer auf freiem Feld den Nachthimmel bestaunt und

folgendes Gespräch geführt haben: »Schau mal den Stern da oben! Der leuchtet so rot. Der hat noch keinen Namen. Weißt du was? Rot ist die Farbe des Blutes, Blut erinnert an Krieg – nennen wir den Stern doch nach unserem Kriegsgott Mars!« – »Einverstanden!« ... Und seither heißt der Planet so, seither ist er Symbol für Gewalt, Krieg, Brutalität, Aggressivität, Bösartigkeit, Hass.

Was wäre aber gewesen, wenn ... der zweite Römer geantwortet hätte: »Krieg? Blut? Nein – mich erinnert die Farbe Rot an die Liebe! Nennen wir den Stern doch Eros!« – »Einverstanden!« ... Wären damit schlagartig sämtliche Horoskope positiv geworden?

Oder: Venus, die Liebesgöttin? »Wohltuende Eigenschaften, Zentrum aller Liebestriebe und Sehnsüchte, symbolisiert Fruchtbarkeit und Fantasie, Glücksbringer, verheißt Glück, Liebe, Schönheit und Geld...« – so MYTHOS. »Nein, – ich schlage den Namen Chaos vor!« – »Einverstanden!«

Andere Planeten wurden erst sehr spät entdeckt, so der Planet Pluto (in der antiken Mythologie »Höllenfürst«) im Jahr 1930. Er war denn auch prompt mit seiner todbringenden Ausstrahlung schuld am Abwurf der Atombombe und am Erdbeben von San Francisco. Wäre er bei seiner Entdeckung doch nur »Gabriele« o.ä. genannt worden!

Warum sollen eigentlich nur die zehn Planeten (mit Sonne und Mond!), nicht aber der Polarstern, Orion, Alpha Centauri oder Sirius für die Astrologie herangezogen werden? Sind sie etwa weniger bedeutsam?

- Der entscheidende Zeitpunkt

Ist nicht der Zeitpunkt der Befruchtung, bei dem die »genetische Ausstattung« des Menschen erfolgt, wesentlich entscheidender für das künftige Leben als der

Augenblick der Geburt? Wenn die werdende Mutter starke Raucherin ist oder Medikamente während der Schwangerschaft nimmt, ist das Kind eventuell bereits vor der Geburt gesundheitlich stark geschädigt. Das Geburtshoroskop eines vergleichbaren gesunden Kindes könnte genau gleich sein, beide Kinder hätten aber von Anfang an völlig unterschiedliche Startchancen! Ändert sich möglicherweise alles, wenn ein astrologiegläubiger Arzt den Zeitpunkt der Geburt medikamentös um Stunden oder auch nur um Minuten aufschiebt, weil der Aszendent schlecht steht?

- Gilt ein Horoskop wirklich nur für einen ganz bestimmten Menschen?

Über 200 Menschen auf der Welt sollen exakt das gleiche Geburtshoroskop besitzen. Ist damit automatisch ihr Lebensweg, ihr Charakter, ihr Gesundheitszustand usw. gleich oder zumindest sehr ähnlich? Warum wird aus dem einen ein berühmter Wissenschaftler, aus dem anderen ein Musiker, aus dem dritten ein Bankangestellter?
Auch wenn die Sterne »nicht zwingen, sondern nur geneigt machen«: Schöpfte der eine seine Neigungen und Tendenzen aus, der andere nicht? Welchen Einfluss haben dann die Gegebenheiten, in die man hineingeboren wird? Ein indischer Slum oder eine deutsche Millionärsfamilie?
Robespierre, Kant und Hitler waren »Stiere« (angeblich Nützlichkeitsmenschen mit großem Familiensinn), Hindenburg und Himmler waren »Waagemenschen« (starkes Gerechtigkeitsgefühl, aber keine Tatkraft).
Auch eineiige Zwillinge (meist gleiches Geburtshoroskop) entwickeln sich oft völlig verschieden. Der eine ist glücklich, der andere unglücklich verheiratet. Einer stirbt bei einem Unfall, der andere durch eine Krankheit.

Umgekehrt sterben Menschen mit völlig verschiedenem Horoskop zur selben Stunde am selben Ort. Oder war im Horoskop von jedem Titanic-Passagier dieses Unglück vorgezeichnet?

- Die kosmische Wirklichkeit ist ganz anders!

Viele Astronomen lehnen es (leider) ab, sich mit den Aussagen der Astrologen zu befassen, weil deren Behauptungen mit den wirklichen kosmischen Gegebenheiten nicht übereinstimmen. So ist ein vom Astrologen ins Horoskop als Aszendent eingezeichneter Uranus in Wirklichkeit schon woanders, weil das Licht 2,5 Stunden bis zur Erde braucht. Derartige Kritikpunkte werden mit Hinweis auf den Symbolcharakter der Tierkreiszeichen beiseite gewischt. Insgesamt geht die Astrologie aber vom Stand der Sternbilder aus, wie er vor ca. 2000 Jahren beobachtet wurde. Für Widdergeborene z.B. steht heutzutage die Sonne ihres Geburtstages in Wirklichkeit in den Sternen des Fisches. Eigentlich müssten sie also, ebenso wie alle anderen Sternzeichen, den Anhänger an der Halskette umtauschen ...

- Stimmen die Aussagen der Astrologie wenigstens manchmal?

Inzwischen gibt es umfangreiche empirische Untersuchungen, die zeigen, dass es keine Häufung von Musikern, Sportlern, Soldaten, Schauspielern usw. bei einem bestimmten Sternbild gibt.
Astrologen sind auch nicht in der Lage, aus detaillierten Charakterschilderungen eines Menschen dessen Tierkreiszeichen anzugeben (was eigentlich möglich sein sollte, wenn man das Erstellen eines Horoskops ernst nimmt).
Der Franzose Michel Gauquelin führte einen entlar-

venden Versuch durch: Er bot in einer Zeitungsanzeige die kostenlose Erstellung persönlicher Horoskope an. Auf spätere Nachfrage erklärten 94 Prozent der teilnehmenden Personen, dass sie sich in dem zugesandten Horoskop treffend beschrieben sähen. Allerdings: Gauquelin hatte allen Personen den gleichen Text geschickt, nämlich das Horoskop eines berüchtigten Massenmörders Frankreichs.

Als das Wissenschaftsmagazin des WDR »Quarks & Co« diesen Versuch 1997 mit dem Horoskop des Mörders Haarmann wiederholte, bestätigten von 200 Teilnehmern 76%: »Ja, mein Charakter wird korrekt beschrieben«, 15% gaben an: »Perfekt, es stimmt alles« und nur 9% meinten: »Nein, überhaupt nicht«.

Ich selbst führe bei Workshops zum Thema einen einfachen Versuch ähnlicher Art durch: Jeder Teilnehmer erhält einen Text mit dem allgemeinen Horoskop seines Tierkreiszeichens, den er still durchliest und auf Zutreffendes untersucht. Danach wird meist in hohem Maße bestätigt, dass man sich gut beschrieben fühlt. Der Hintergrund: Jeder erhielt einen vom Wortlaut her gleichen Text, der jedoch vom Layout her jeweils anders gestaltet war.

- Die Ausdeutung des Horoskops

Bei der Interpretation eines Horoskops zeigt sich die wahre Kunst eines Astrologen. Treffer werden im Nachhinein aufgrund der Schwammigkeit der Aussagen immer konstruierbar sein. Verschiedene Astrologen interpretieren allerdings das gleiche Horoskop zum Teil völlig verschieden. Ebenso erhält der gleiche Mensch beim Besuch von mehreren Astrologen unterschiedliche Ergebnisse.

• Der Astrologe und sein eigenes Horoskop
Eine nur auf den ersten Blick naive Frage: Warum nützt der Astrologe seine Kunst nicht, um für sich selbst und seine Familie Unheil abzuwenden bzw. Reichtum anzuhäufen? Da etliche Sterndeuter sich auf wirtschaftliche Bereiche (Aktienkurse, Firmen) spezialisiert haben, müsste es für sie mit ihrem Wissen doch leicht sein, enorme Gewinne zu erwirtschaften.

• Welches ist die »richtige« Astrologie?
Es gibt viele verschiedene Schulen der Astrologie, die sich stark voneinander unterscheiden. Alle legen aber die gleichen Gestirnstrukturen zugrunde. Soll man sich nach der chinesischen, der indianischen, der europäischen ... Astrologie richten? Was ist mit den Menschen, die in Regionen der Erde leben, bei denen schwerlich ein Horoskop erstellt werden kann (Alaska, Grönland)? Dort sind lange Zeit überhaupt keine Sterne zu sehen, weil die Sonne nicht untergeht.

• Gibt es nicht tatsächlich Gemeinsamkeiten bei Menschen ähnlicher Geburtszeit?
Ein Baby, das als »Widder« (21. 3.–20. 4.) geboren wird, erlebt ein völlig anderes erstes Halbjahr als etwa ein »Waage«-Kind (24. 9.–23. 10.). Der Widder hat den gesamten Sommer vor sich; er kommt sehr häufig und leicht angezogen an die frische, warme Luft; die Menschen sind freundlich und fröhlich, es kommt zu vielen Körperkontakten; die Außenwelt ist reich an optischen, akustischen und olfaktorischen Reizen (Blumen, blauer Himmel, Vogelstimmen ...). Dieses Kleinkind wird also auf vielfache Weise stimuliert, was für das ganze Leben prägend sein kann. Anders dagegen das im Herbst geborene Kind, das die kalte, dunkle Jahreszeit vor sich hat.

Das menschliche Verhalten insgesamt unterliegt jahreszeitlichen Veränderungen. Wer kennt nicht die Winterdepression, wenn man sich nach warmen Sonnenstrahlen geradezu sehnt? Die Selbstmordrate etwa steigt in diesen Monaten signifikant an. Es gibt – bezogen auf die Nordhälfte der Erdkugel – deutliche Hinweise darauf, dass Babys, die während der Sommermonate geboren sind, im späteren Leben leicht höhere IQ-Werte aufweisen als solche, die zu anderen Zeiten geboren sind. Das erste Lebenshalbjahr ist die Zeit wichtiger Vermehrungen und Vernetzungen der Gehirnzellen und der ersten Ausdifferenzierung des emotionalen »Systems«.
Nur: Mit Astrologie hat dies alles nichts zu tun!

4. Warum »funktioniert« Wahrsagen?

Dennoch: Viele Menschen, die Wahrsager aufsuchten, sind hinterher sehr verwirrt, weil doch eine ganze Anzahl von Aussagen zu stimmen scheint. Dem Anschein nach konnten die paranormal Begabten sowohl in die Vergangenheit als auch in die Zukunft des Kunden sehen.
Ohne auf die einzelnen magischen Hilfsmittel und die verwendeten Methoden näher einzugehen, lassen sich gemeinsame Merkmale erkennen.
Dabei gilt auch hier ein wichtiger wissenschaftlicher Grundsatz (»Occam's Razor«): Wenn es für ein bestimmtes Phänomen (hier: richtige Aussagen eines »Wahrsagers«) natürliche Erklärungen gibt, dann besteht keine Notwendigkeit für die Annahme von paranormalen, übernatürlichen Wirklichkeiten.
Wie also kann die Wahrsagerin Aussagen machen über Geschehnisse, von denen sie eigentlich nichts wissen

kann? – »Vorhersagen sind sehr schwierig, besonders wenn sie die Zukunft betreffen!« (Niels Bohr)

4.1 Die Aussagen der Wahrsagerin/des Hellsehers werden vom Kunden verändert und wirken unbewusst weiter

Wer zum Hellseher geht, hat im allgemeinen Probleme der verschiedensten Art. Man ist also wohl psychisch mehr oder weniger angeschlagen und erhofft sich Unterstützung bei der Einschätzung von anstehenden Entscheidungen privater oder geschäftlicher Art. Dafür ist man auch bereit, einen manchmal erheblichen Betrag zu zahlen – ein enorm wichtiger Punkt. »Was viel kostet, muss auch viel wert sein!« Im Nachhinein vor sich selbst (oder noch schlimmer: vor anderen Leuten) zuzugeben, dass man eigentlich enttäuscht ist, dass das Geld wohl zum Fenster hinausgeworfen wurde, erfordert eine enorme Selbstüberwindung.
Die ungewohnte, magisch meist mit geheimnisvollen Gegenständen angereicherte Umgebung, ein angeblich mit übernatürlichen Kräften begabtes Medium, das mit ungewöhnlichen Gegenständen hantiert, und sehr persönliche Aussagen führen zu einem emotional extrem angespannten Zustand, in dem sich die meisten nicht mehr klar und vernunftgesteuert verhalten können.
Während der Sitzung – nur in seltenen Fällen werden Tonbandmitschnitte gemacht – prasselt zunächst einmal ein langer Redestrom der geübten Sprecherin auf den Kunden herab, der das, was gesagt wird, inhaltlich nur bruchstückhaft bewusst aufnehmen kann.
Hängen bleiben auf Anhieb zunächst die scheinbaren Treffer. Dass 90% der Aussagen vieldeutig, allgemeingültig, nichtssagend oder unrichtig waren, wird nicht registriert.

Anzeige

Wagen Sie den nächsten Schritt!

BOTANISCHE TRANSKOMMUNIKATION

Haben Sie auch den "grünen Daumen" und wissen nicht, warum?

Unserer Vermutung nach besitzen auch Sie dann die begehrte Fähigkeit zur Transkommunikation mit Pflanzen!

Nutzen Sie diese seltene Gabe und vervollkommnen Sie sie auf unseren Seminaren!

Unter Anleitung unserer spirituellen Diplom - Lehrer lernen Sie an einem Wochenende, wie man nicht nur die Kräfte des Mondes, sondern unsere ureigenen Energien zur direkten Kommunikation mit Pflanzen jeglicher Art (vom Stiefmütterchen bis zur deutschen Eiche) verwenden kann.

Die Abbildung links entstand während eines derartigen Seminars und gibt gut die dabei entstehende spirituell dichte Atmosphäre wieder.

Tagungskosten für ein Wochenende (Grundkurs): DM 560.-
Für Unterkunft und Verpflegung (rein tierisch!) müssen Sie selbst sorgen. Wir helfen Ihnen dabei vermittelnd.

"Pflanzen - unsere lieben Nachbarn!"

Alleinvertrieb im deutschsprachigen Raum:

Ganzheitliches Institut für holistische Tansformationsmetaphysik

• Direktion •

zertifizierter Dipl.- Inspirationsmoderator

magischer Energetiker

Wolfgang Dog

Die Aussagen der Hellseherin sind aber zum großen Teil im Unterbewusstsein angekommen und arbeiten dort weiter. Dies verdeutlicht folgende Geschichte:
Eine Wahrsagerin erzählt ihrem Kunden, dass in seinem Garten ein Schatz verborgen sei. Er solle in der nächsten Vollmondnacht genau um Mitternacht nordwärts unter der Linde graben, dürfe dabei aber auf keinen Fall an ein gelbes Nilpferd denken. Sonst würde es nicht funktionieren. Zum angegebenen Zeitpunkt geht der Mann in den Garten und beginnt mit der Arbeit. Um 0.45 Uhr aber wirft er den Spaten entnervt weg und schimpft: »Verflixt noch mal! Mein ganzes Leben lang habe ich an kein gelbes Nilpferd gedacht. Und jetzt geht mir das Vieh nicht mehr aus dem Kopf!«
Es werden also psychische Prozesse in Gang gesetzt, die dazu führen können, dass zum einen der Glaube an den Hellseher die Erinnerungen an das, was gesagt wurde, so verfälscht, dass die Aussagen mit den eintreffenden Geschehnissen übereinzustimmen scheinen. Zum anderen macht der Kunde (fatalerweise besonders stark bei negativen Voraussagen) das wahr, was gesagt wurde (oder was er meint, dass es gesagt wurde). Vor allem dieser Prozess der »Selbsterfüllenden Prophezeiung« führt immer wieder in sehr schwierige Situationen, wie auch die eingangs angeführten Beispiele zeigen. So erhielt ich eines Tages den Anruf einer verzweifelten Frau, die sich Sorgen um ihre Mutter machte. Ein Wahrsager habe ihr vor 40 Jahren vorhergesagt, dass sie mit 72 Jahren sterben werden. »Meiner Mutter war das völlig entfallen. Jetzt ist sie 71 und für ihr Alter kerngesund. Auf einmal kam ihr das wieder ins Bewusstsein und jetzt dreht sie durch. Wenn es dumm kommt, stirbt sie wirklich mit 72, obwohl es keine Krankheitsursache gibt!«
Die Prophezeiung des Ereignisses führt also zum Er-

eignis dessen, was prophezeit wurde, was wiederum zur Bestätigung der Prophezeiung führt. Ein mitunter nur sehr schwierig zu durchbrechender Kreislauf.

Ein weiteres: Die Wahrnehmung des Menschen ist selektiv. Folgende Sätze mögen zunächst verwirrend klingen, verdeutlichen aber diesen Vorgang:

Wir sehen, was wir sehen wollen. Wir hören, was wir hören wollen. Wir glauben, was wir glauben wollen. Wir sehen nicht, was wir nicht sehen wollen ...

D. Goleman («Lebenslügen«, München 1993) fasst dies, was u.a. dazu führt, dass Menschen ungeachtet aller Gegenbeweise an »Lebenslügen« festhalten, so zusammen:

»Wir bemerken nicht, was wir nicht bemerken wollen, und bemerken nicht, dass wir es nicht bemerken.«

Auch Eugen Roth bringt es auf den Punkt: »Ein Meister seinen Jüngern riet, nur das zu glauben, was man sieht. Jedoch, der Einwand sei erlaubt, so mancher das sieht, was er glaubt.«

Gegen diese Formen der Selbsttäuschungen ist niemand gefeit. Sie treten überall auf, erschweren oft das menschliche Miteinander, machen uns aber andererseits überhaupt erst lebensfähig. Ohne Selektion bei der Wahrnehmung wären wir gelähmt und handlungsunfähig.

Und: Trifft eine Vorhersage nicht genau so ein, wie sie der Erinnerung nach getroffen wurde, wird sie – ohne es zu bemerken – soweit zurechtgebogen, bis es scheinbar stimmt. »Eigentlich hat der Wahrsager mir ja einen Verkehrsunfall in der nächsten Woche vorhergesagt. Jetzt bin ich drei Tage später von der Leiter gefallen und habe mir den Fuß gebrochen – aber immerhin!« Dies wird weitererzählt und nach der fünften Wiederholung stimmt die Geschichte zu hundert Prozent (= dass der Wahrsager einen Unfall im Haushalt innerhalb einer Woche vorhersah).

Man kann dieses »Verifikationsphänomen« (man macht etwas wahr, weil man will, dass...) im Experiment in geradezu unglaublicher Weise demonstrieren. Bei Vorträgen lasse ich mir von einem Zuhörer einen »emotional geladenen Gegenstand« geben und behaupte, damit psychometrisch Angaben zu empfangen, mit denen dieser in Beziehung stand oder noch steht. Die dann anschließenden Aussagen – das ganze dauert ca. zehn Minuten – sind extrem detailliert und konkret und betreffen das frühere und jetzige Leben der Person. Da ein Tonband mitläuft, können die Aussagen hinterher nochmals in Ruhe kontrolliert werden. Die Trefferquote liegt nach langjähriger Erfahrung bei ca. 80 Prozent! Allerdings: Es wird jedesmal genau der gleiche Text gesprochen! Trifft einmal eine Aussage nicht zu, ist entweder bei der betroffenen Person selbst oder in ihrer Umgebung das Verifikationsphänomen zu beobachten:
Aussage: »Ich sehe ein Foto in Ihrem Wohnzimmer. Darauf ist eine Gruppe von Menschen, drei weiblich, zwei männlich. Rechts unten ist ein kleiner schwarzer Hund.« Folge: Die Dame durchsuchte daheim ihre Wohnung und fand im Flur ein Foto mit vier Kindern und einer weißen Katze. Der »Treffer« wurde bestätigt!
Aussage: »Ich sehe ein großes Haus, das für Sie wichtige Bedeutung besitzt. Es hat eine sehr schwere, metallene Eingangstüre, mit der Sie beim Öffnen immer Schwierigkeiten haben ...« Zunächst wird spontan verneint, es gäbe kein derartiges Haus. Sofort reden (die neben ihr sitzenden) Nachbarn auf sie ein: »Du arbeitest doch in einer Zahnarztpraxis im Hochhaus und jedesmal, wenn ich zu euch komme, habe ich Schwierigkeiten, die Türe zu öffnen ...« Nach nicht einmal fünf Minuten ist die Dame überzeugt.
Auch das »Wahrtraumphänomen« ist hier einzuordnen: »Ich habe ein sehr großes Problem, mit dem ich nicht

mehr allein zurechtkomme. Mit meiner Mutter habe ich schon darüber gesprochen und mit einem Arzt, der mich in psychiatrische Behandlung geschickt hat – ohne Erfolg. Ich traue mich kaum noch zu schlafen, weil ich meist etwas träume, das dann auch wirklich passiert. Z. B. habe ich mal geträumt, dass ich mir beim Fußballspielen die Hand gebrochen habe und siehe da: zwei Wochen später ist genau das passiert. Bitte haltet mich nicht für einen Lügner wie der Psychiater. Ich weiß einfach nicht mehr weiter. Nun habe ich Angst, dass sich auch ein Traum bewahrheitet, in dem ich vom Gerüst falle und mir sämtliche Knochen breche...« (Martin, 16 Jahre, in: BRAVO 24. 1. 1991)

Eine objektive Überprüfung ist nicht möglich, weil dazu gehören würde, dass der Traum schon kurz nach dem Aufwachen detailliert festgehalten und dies bei einer geeigneten Person (z.B. einem Notar, einem Wissenschaftler) hinterlegt werden müsste. Nachvollziehbar sind aber sicher die Ängste des Jungen, die Wahrscheinlichkeit einer Erinnerungstäuschung und die Gefahr, dass er selbst seine Träume wahr macht.

Viele Menschen sind überzeugt davon, dass präkognitive Träume (in denen zukünftige Geschehnisse vorhergesehen werden) immer wieder auftauchen. Bei der Vielzahl der geträumten Ereignisse, an die wir uns ja wiederum nur teilweise und bruchstückhaft erinnern, wäre es tatsächlich erstaunlich, wenn nicht ab und zu anschließend etwas Ähnliches im Alltag passieren würde. Wer sich tagsüber um einen Familienangehörigen Sorgen macht, wird auch nachts davon träumen. Trifft das, worum es im Traum ging, tatsächlich ein, gibt das eine gute Meldung. Die Millionen nicht eingetroffenen Träume jedoch ...

Nur selten (eigentlich gar nicht) kann der Kunde eines Wahrsagers direkte Vergleiche ziehen. Immer wieder wird zwar davon berichtet, dass verschiedene Hellseher zu unterschiedlichen Aussagen kamen, aber dies wird meist auf die unterschiedlichen Qualitäten der Hellseher zurückgeführt. Bedenkenswert wäre es z.B. doch schon, wenn der gleiche Astrologe das gleiche Horoskop an verschiedenen Tagen gegenüber der gleichen Person völlig verschieden interpretieren würde! Oder?

Ich selbst ließ es mir nicht nehmen, in zwei aufeinanderfolgenden Urlauben auf Gran Canaria einen dort tätigen professionellen Handleser aufzusuchen und mich entsprechend analysieren zu lassen. Da sich die Handlinien ja bekanntermaßen nicht ändern, müsste doch ...

Auszug aus dem dreiseitigen Computerausdruck, der nach eingehendem Handstudium erstellt wurde:

1998: »Deutlich gezeichnete und verdoppelte Lebenslinie: Dies weist auf eine oder mehrere außereheliche Beziehungen hin, die die Ehe jedoch nicht in schwerer Weise gefährden und die nur von vorübergehendem Charakter sein können, aber immer tiefe Erinnerungen in der Person zurücklassen.« (Kann sich der Leser / die Leserin vorstellen, wie die beste Ehefrau von allen 1998 darauf reagierte ...?)

1999: »Einzige Lebenslinie: Die untersuchte Person hat nur eine einzige Ehelinie, die sehr deutlich gezeichnet ist. Das bedeutet, dass die Person zum ehelichen Leben geschaffen ist und sehr viel Glück und Freude in ihm finden wird.« (Na also ...!)

4.2 Die unscharfen Aussagen der Wahrsager treffen zu – irgendwie, irgendwo und irgendwann!

Bei der Unzahl von Vorhersagen, die eine große Zahl an Wahrsagern, Hellsehern und Astrologen permanent von sich gibt, sind zufällige Übereinstimmungen immer zu erwarten. »Im nächsten Juli wird es in Florida zu einer Naturkatastrophe kommen, im März wird in Japan die Erde beben, und im September steht ein Flugzeugabsturz zu befürchten.«

Manchmal allerdings sieht es auch nur so aus, als ob der Zufall im Spiel sei: Seit Jahren schon behaupte ich, ich könne mit absoluter Sicherheit das Endspielergebnis der nächsten Fußballweltmeisterschaft vorhersagen, in einem versiegelten Umschlag (den ich ab diesem Zeitpunkt nicht mehr berühre) bei einem Notar hinterlegen und erst nach dem Ereignis in Anwesenheit von Journalisten öffnen lassen. Unglaublich? Nein – es braucht nur eine entsprechend große Anzahl von Notaren! Nach dem Endspiel werden die Journalisten benachrichtigt und man zieht gemeinsam zu demjenigen Notar, der seit langem in seinem Tresor ...! Zufall? In diesem Fall bestimmt nicht. Dies ist für den Beobachter/Leser aber nicht so ohne weiteres ersichtlich, weil er, wie der Kunde der Wahrsagerin, eben nur einen winzigen Ausschnitt der gesamten Wirklichkeit kennt. Die Mehrzahl der falschen Vorhersagen schlummert für lange Zeit unentdeckbar weiter in den übrigen Tresoren.

Scheinbare Treffer werden von den Medien hochgejubelt, die viel zahlreicheren Nieten dagegen unterschlagen. Dadurch entsteht bei unkritischen Menschen der Eindruck von echten Prophezeiungen. Wenn diese überhaupt konkret genug sind – was (für die Wahrsager) fatalerweise nachprüfbar ist. So äußerte sich z.B. der deutsche Astrologe Winfried Noé in der Zeitschrift BUNTE (Heft 26/99) zur Sonnenfinsternis am 11. 8. 1999: »Wir sollten uns auf Ereignisse gigantischen Ausmaßes einstellen. Ich rechne damit, dass wir mit höherer Gewalt konfrontiert werden, die unsere gesamte Denkweise umstellt. Die zu erwartenden Kon-

stellationen sprechen für Aktionen, die die Menschen auf der ganzen Welt erschüttern: z.B. durch plötzliche kriegerische Handlungen oder internationalen Terrorismus mit biologischen, chemischen oder atomaren Waffen. Zudem wird es bis spätestens 21. August in Europa und Amerika einen großen Börsen-Crash geben.«
Nichts davon ist – wie wir wissen – eingetroffen.
In Heft 36/99 (also zehn Wochen später) bescheinigt die BUNTE ihrem Hofastrologen merkwürdigerweise eine Trefferquote von 70 Prozent: er »errechnete aus der Sternenkonstellation zur Sonnenfinsternis Gewalt, Verwüstung und Leid. Er dachte allerdings eher an Krieg als an Erdbeben.« Inzwischen hatte nämlich in der Türkei die Erde gebebt ...
Die gleiche Illustrierte bescheinigte in diesem Artikel dabei der Schweizer Astrologin Elizabeth Teissier eine Trefferquote von 99 Prozent (wie immer das ausgerechnet worden sein mag!): »Sie kündigte am 12. August im französischen ›Paris Match‹ ein Erdbeben im Kernschattenbereich der Sonnenfinsternis an. Das Epizentrum der Katastrophe lag 100 km westlich davon.« Peinlich nur, dass Frau Teissier in Heft 26 der BUNTEN davon kein Wort sagte. Dort vermutete sie nämlich nur, dass »die mit Plutonium beladene Raumsonde Cassini in der Erdatmosphäre verglühen wird ..., was eine Umweltkatastrophe auslösen kann ... Wenn bis Mitte August nicht wirklich etwas Außergewöhnliches passiert, hänge ich meinen Beruf an den Nagel.« Man braucht als Wahrsager, der Wert auf publicityträchtige Treffer legt, also vor allem eine möglichst große Anzahl von Verbreitungsorganen, bei denen man Vorhersagen abliefert. Zumal auch die Erdbebenvorhersage in der französischen Zeitung (in der zeitlichen Angabe noch dazu schwammig) nicht so konkret ist, wie es auf den ersten Blick erscheint: Zum einen war das Epizentrum

des Erdbebens eben nicht (wie von Teissier angegeben) im Kernschatten, sondern 100 km davon entfernt. Legt man also eine 300 km breite Bahn (100 km Kernschatten plus 100 km rechts und links davon) über den von der Sonnenfinsternis betroffenen Teil der Erdkugel, ergibt schon dies eine riesige Fläche (um eine 99% Trefferquote zu erhalten; bei »nur« 80% ist diese noch größer ...

Mehrdeutige Aussagen erleichtern die Arbeit des Wahrsagers ungemein. Das oben bereits angeführte Beispiel des König Krösus zeigt dies deutlich. Viele Aussagen von Wahrsagern, Hellsehern und Astrologen sind so allgemein gehalten, dass man sie auf alle möglichen Ereignisse beziehen kann. Man spricht bei dieser Kunst der Mehrdeutigkeit vom »Barnum-Effekt« (benannt nach dem berühmten Zirkusdirektor): »Ein bisschen für jeden!«

Es gibt ganze Listen von vagen, mehrdeutigen Allerweltsfloskeln und Personenbeschreibungen, die so gut wie nichts ausschließen und von den meisten Menschen als »für mich zutreffend« bezeichnet werden: »rechtschaffen – aufrichtig – herzlich – anpassungsfähig – Sinn für Humor – einfühlsam – empfindungsfähig – freiheitsliebend – aktiv – pragmatisch – angenehm ...«

In Kombination mit »wahrscheinlich – möglich – könnte – dürfte – eher ...« ergeben sich allein damit eine Unzahl von »stimmigen« Aussagen, die bei der Kundschaft des Wahrsagers Zustimmung erzeugt. Selbst der größte Griesgram wird (selbstverständlich) bereit sein, sich als »aktiver, herzlicher Mensch mit Humor« bezeichnen zu lassen, der nur eben oft von seinen Mitmenschen falsch verstanden wird.

Den folgenden Text legte der amerikanische Psychologe Ray Hyman seinen Studenten vor, dazu eine von Psy-

chologen von jedem einzelnen Studenten erstellte Charakterstudie. Die Studenten fanden zu 57% den allgemeinen Text als für sie passender als die fundierte psychologische Studie!
»Sie sind in Ihrem Verhalten und Ihrer Beziehung zu anderen Menschen völlig normal. Sie bewältigen die Dinge ohne große Mühe. Die Menschen mögen Sie, und Sie sind anderen und sich selbst gegenüber nicht übermäßig kritisch eingestellt. Sie sind weder übermäßig förmlich noch allzu individualistisch. Ihre Stimmung ist meist optimistisch. Sie verfügen über Schaffenskraft, und Sie fühlen sich nicht von Phasen der Depression, von psychosomatischen Krankheiten oder nervösen Symptomen beeinträchtigt.«
Auch folgende Passagen ließen sich mit hohem Erfolg von einem Wahrsager verwerten:

- »Ich sehe eine Gefahr für Sie – durch einen plötzlichen Unfall. Seien Sie deshalb in den nächsten zwei Wochen besonders vorsichtig, dann wird Ihnen kein Schaden entstehen. Ohne Schrecken werden Sie allerdings nicht davonkommen.«
- »Sie werden in den nächsten Tagen einen Brief erhalten, der für Sie eine größere Bedeutung haben wird, als Sie zunächst annehmen. Bewahren Sie das Schreiben auf, auch wenn Sie es im ersten Moment wegwerfen wollen.«
- Über Ihrer gesundheitlichen Verfassung liegen dunkle Wolken. Wenn Sie mehr auf eine gesunde Lebensweise achten, können Sie Schäden noch abwenden. Gehen Sie mehr spazieren und ernähren Sie sich ausgewogener als in der letzten Zeit.«
- »In der nächsten Zeit werden Sie mit einer guten Gelegenheit konfrontiert werden, die Sie beinahe übersehen hätten! Halten Sie die Augen offen und ergreifen Sie die Chance!«

- »Hinter Ihrem Rücken wird über Sie geredet! Seien Sie in der nächsten Zeit im privaten und beruflichen Bereich nicht zu vertrauensselig und zu offenherzig. Es befindet sich in Ihrer Nähe eine Person, die Ihnen gegenüber zwar schöne Augen macht, hintenherum aber gegen Sie hetzt!«

Der Leser mag selbst in sich hineinhorchen, welche Wirkung vor allem die letzte Aussage auf ihn hätte (vor allem dann, wenn er dafür einen hohen Betrag zahlen musste ...).

4.3 Reichen die »mentalen Fähigkeiten« nicht aus, wird getrickst

Wohl alle »Hellseher«, die öffentlich auftreten, arbeiten mit unlauteren Tricks. Dies unterscheidet sie von Zauberkünstlern, die sich als »Mentalisten« bezeichnen und nicht im Ernst behaupten, übernatürliche Fähigkeiten zu besitzen.

Immer wieder liest man in den Zeitungen von Tourneen namhafter »Parapsychologen, Telepathen, Hellseher und Wahrsager« quer durch Deutschland. Im Anschluss an eine größere öffentliche »Hellseh- und Telepathieshow« können – gegen stattliche Honorare – Einzelsitzungen gebucht werden.

Da ich selbst seit vielen Jahren Amateur-Zauberkünstler bin, spezialisiert auf mentale Tricks, kann ich bestätigen, dass es sich bei den Vorführungen oft um Kunststücke aus Kinderzauberkästen handelt. In der besonderen, emotional sehr dichten Atmosphäre allerdings werden die Tricks als »echtes Gedankenlesen und Hellsehen« ausgegeben und vom gläubigen Publikum leider auch allzu oft so angenommen.

In der Tat gibt es mittlerweile unzählig viele Möglichkeiten, die Illusion von Telepathie und Hellsehen zu er-

zeugen; teilweise auf äußerst raffinierte Art, zum Teil aber auch auf erstaunlich einfache Weise.
Hier ein Beispiel: Aus einer Streichholzschachtel nimmt der angeblich paranormal Begabte drei Kärtchen mit ganz einfachen Zeichen (Kreuz, Kreis, Quadrat) heraus und legt sie nebeneinander auf den Tisch. Ein Zuschauer wählt nur in Gedanken eine Karte aus. Sofort kann der »Magier« beweisen, dass er schon vorher wusste, welches Zeichen frei ausgesucht werden würde! War dies nun Präkognition (= in die Zukunft sehen) oder Telepathie (= dem Zuschauer wurde die Wahl in Gedanken aufgezwungen)?
Weder – noch! Der Kandidat wird gebeten, die Karte zu nennen. Meist wird dabei auf die mittlere Karte (der Kreis) gezeigt. In diesem Fall bittet der »Magier« nun den Zuschauer, diese »völlig frei gewählte Karte« umzudrehen. Auf ihrer Rückseite steht: »Sie werden diese Karte auswählen.« Sofort lässt man die andern beiden Karten ebenfalls untersuchen: Deren Rückseite ist leer! Damit ist die Vorhersage bestätigt.
Was die Teilnehmer dieses »magischen Experimentes« nicht wissen können: Wird die erste Karte gewählt (Kreuz), bleiben die Karten auf dem Tisch unberührt liegen, der Vorführende zieht die Lade der Streichholzschachtel heraus, dreht sie um und zeigt die dort befindliche Aufschrift: »Sie werden das Kreuz wählen.« In seltenen Fällen wird das Quadrat gewählt: Der »Magier« greift nach der (geschlossenen) Streichholzschachtel und dreht sie um. Auf dem Boden der Schachtel steht: »Sie werden das Quadrat wählen.« Da die Zuschauer von den jeweils anderen Möglichkeiten nichts wissen können, entsteht der Eindruck von »echtem Hellsehen«.
Wichtig ist also oft die Bereitschaft, Phänomene, die man sich nicht erklären kann, sofort als »übernatür-

lich« einzuordnen. Dabei spielen die Rahmenbedingungen eine wichtige Rolle. Seelische Beeinträchtigung durch Krankheit, Partnerschaftsprobleme oder einen Todesfall in der Familie, eine begeisterte Anhängerschaft ringsum, ein erheblicher, bereits bezahlter Geldbetrag – sie alle machen geneigt, Tricks als »echte« paranormale Kräfte einzuordnen.
Selbstverständlich kann niemand beweisen, dass der Wahrsager XY *keine* übernatürlichen Fähigkeiten besitzt. Wenn er dies behauptet, ist *er* beweispflichtig. An dieser Stelle hört man oft auch das Scheinargument: »Die Tatsache, dass es gefälschte Picassos gibt, ist kein Beweis dafür, dass es nicht auch echte gibt.«
Das Paradebeispiel dafür ist wohl Uri Geller, der etliche Male von Zauberkünstlern beim Tricksen ertappt wurde. Dies führte aber nicht dazu, dass er sich aus der Szene zurückzog oder seine Anhänger von ihm abfielen. »Gestern hat er etwas mit Tricks nachgeholfen, weil seine paranormalen Kräfte nicht so stark waren. Aber vorgestern! Da war es wirklich echt.«

4.4 Wahrsager sind gute Beobachter und hervorragende Menschenkenner

Eine der wichtigsten Fähigkeiten, die ein Hellseher benötigt, ist eine präzise, sehr schnelle Einschätzung der Kunden im Hinblick auf Lebensstandard, Bildungsgrad, Gesundheitszustand, Finanzkraft und vermutete Bedürfnisse.
Für einen scharfen Beobachter gibt es dabei unglaublich viele, oft fast unmerkliche Hinweise, die einem unbefangenen Teilnehmer nicht bewusst sind.
Die Kleidung etwa mit den individuell hinzugefügten Accessoires (Schmuck, Uhr usw.) gibt Auskunft über die Stilsicherheit, den Vermögensgrad und die Bedeu-

tung des in Sachen Mode Up-to-date-Seins. Vor allem die Schuhe sind dabei aussagekräftig.
Körperliche Merkmale, wie leichte Gebrechen (z.B. Hinken oder Bewegungsstörungen bei anderen Gliedern), Sauberkeit der Hände und Fingernägel, Hornhaut an den Handflächen, Nikotinflecken, weiße Ringe an den Fingern (wo sich lange Zeit ein Ehering befand) oder die Frisur geben dem geschulten Auge schnell Hinweise auf allgemeine Befindlichkeiten und Charaktereigenschaften.
Das Verhalten der Kunden insgesamt (Schüchternheit, Extro- oder Introvertiertheit, gespielte Forschheit, Niedergeschlagenheit, offensichtliche Trauer, spürbare Angst) lässt sich bereits bei der Begrüßung (schlaffer oder kräftiger Händedruck, Sitzhaltung auf dem Stuhl) relativ leicht einschätzen.
Wichtige Hinweise gibt außerdem der Tascheninhalt des im Vorraum aufgehängten Mantels, den ein Helfer des Wahrsagers unbemerkt untersucht und auswertet.
Ist der Kunde angemeldet, hat er wahrscheinlich seine Adresse (oder zumindest die Telefonnummer, was oft ausreicht) angegeben. Ein Blick auf den Stadtplan zeigt, in welcher Umgebung der Kunde wohnt, worauf später dann mit treffsicheren Aussagen Bezug genommen werden kann (Hauptverkehrsstraße, Innenstadt, Parknähe usw.). Bei besonders finanzkräftiger Kundschaft und ausreichender Zeit bis zum Termin rentiert sich eventuell sogar der Einsatz eines Privatdetektivs bzw. eine Anfrage bei einer Wirtschaftsauskunftei.
Dies alles und mehr wird wahrgenommen bzw. ist bekannt, bevor überhaupt das erste Wort gesprochen worden ist. So ist eine breite Grundlage gelegt, auf der viele »Treffer« möglich sind.
Daneben beherrschen viele Wahrsager die Kunst des »Muskellesens« (Cumberlandismus), wobei unbewusste

Muskelbewegungen z.B. im Gesicht oder bei den Händen mit erstaunlicher Sicherheit erkannt und gedeutet werden können. Auch dies hängt wiederum mit dem sogenannten Carpenter-Effekt zusammen, bei dem sich nur vorgestellte Bewegungen in echte Bewegungen umsetzen (vgl. dazu das Kapitel »Pendel«, S. 69ff.). Wenn der Klient »ja« und »nein« denkt, führt er unbewusst minimale Kopf- bzw. Augenbewegungen aus, die für ein geschultes Gegenüber erkennbar sind.

Diese Fähigkeiten, die bei Wahrsagern ebenso zu beobachten sind wie bei Astrologen, führen zu Ergebnissen, die einem Laien nicht verständlich sind und deshalb oft als »übernatürliche Intuition« eingeordnet werden. Man verfolge einmal eine entsprechende Sitzung, z.B. im Fernsehen: Die Handleserin oder der Kartenleger beschäftigen sich zunächst mit ihren magischen Hilfsmitteln oder den Handlinien, beginnen zu sprechen und heben dabei sofort den Kopf, um der Kundin/ dem Kunden ins Gesicht zu sehen. Dabei achten sie intensiv auf die Wirkung ihrer Aussage. Bemerken sie Zustimmung, wird in dieser Richtung weitergeredet. Bei Skepsis oder Verneinung dreht man mitten im Satz um und fährt mit dem Gegenteil fort. Wahrsagerin mit männlicher Kundschaft: »Sie werden ein wunderschönes Mädchen kennenlernen ... (Blick hoch)« – Zaghafter Einwurf: »Aber ich bin doch schwul...« – »... das Sie mit seinem bildhübschen Bruder bekannt machen wird«.

Auch gibt der Kunde bei der »Beratung« verbal viel von sich (oft auf harmlos erscheinende Fragen von Seiten des Hellsehers, denen momentan keine Bedeutung zugemessen wird), ohne dass er dies registriert. Einige Minuten später erzählt ihm das »Medium« dann genau dies wieder mit anderen Worten. Ein »Treffer«, der auf der Gedächtnisleistung und der verbalen Geschicklichkeit des »paranormal Begabten« beruht.

Selbstverständlich kann man in Kenntnis dieser Praktiken einen Wahrsager auch aufs Glatteis führen. So erhielt ich einmal die Gelegenheit, bei einer Esoterikmesse mit einem Fernsehteam eine Wahrsagerin aufzusuchen (das Honorar von DM 250,– musste ich deshalb nicht selbst bezahlen). Ausgestattet mit meinen ältesten (nicht ganz sauberen) Jeans, einem Rollkragenpullover (mitten im Hochsommer), einem riesigen, geschmacklosen Silberring mit großem Stein, einem aussagekräftigen Vereinsanstecker und anderen Kleinigkeiten wurde die Hellseherin dann auch prompt zu Aussagen («gesundheitliche Probleme am Hals und mit dem Rücken«, »Sie haben finanzielle Probleme«) verleitet, die insgesamt zu 90% völlig falsch waren. (Zugeben muss ich aber, dass es – psychisch und physisch – eine hervorragende Leistung der Dame war, da sie bei großer Hitze 25 Minuten lang wie ein Wasserfall ohne Pause nach dem »Lehrbuch« redete – vor der laufenden Fernsehkamera.)

4.5 Wahrsager nutzen geschickt Wahrscheinlichkeiten aus

Ununterbrochen werden Meinungsumfragen, Trends und Statistiken veröffentlicht, die alle Lebensbereiche abdecken. Wer dies bewusst und intensiv nutzt, kann allein damit Aussagen machen, die auf viele bzw. auf die meisten Menschen zutreffen.
Außer bei allgemein gesellschaftlichen, politischen und wirtschaftlichen Themen gibt es auch bei persönlichen Problemen eine Hierarchie der Präferenzen. Ein Wahrsager tut gut daran, nach folgender Rangfolge vorzugehen, wenn ein Kunde zu ihm kommt.
Dabei wird er sich von einem Punkt zum nächsten begeben, je nachdem, ob er Zustimmung oder Ablehnung erkennt.

1. *Partnerschaft*: unverheiratet (Mann/Frau – Verlobung – Heirat – Sexualität – persönliche Entscheidung – Minderwertigkeitskomplexe), verheiratet (Ehepartner – Kinder – Verwandte – Rechtsfragen – Sexualität)
2. *Gesundheit*: eigene Gesundheit (physisch – psychisch), Gesundheit anderer (Angehörige – Freunde)
3. *Geld*: Verlust (zu Hause – geschäftlich – Ratenzahlungen – Reisen – Schulden), Gewinn (Spekulation – Investition – Grundstücke – Darlehen – Ersparnisse – Diebstahl)

Präferenzen sind in der Psychologie seit langem bekannt. Probieren Sie es doch selbst kurz aus. Bitten Sie jemanden, ohne lange nachzudenken, spontan zu nennen: ein Musikinstrument, ein Werkzeug, eine Farbe, ein wildes Tier, eine Blume. Meistens werden Sie mit den Angaben: Geige, Hammer, Rot, Löwe und Rose, die Sie vorher auf einen Zettel geschrieben haben, Volltreffer landen. Auch hier stellt sich dann wieder die Frage der Einordnung dieses Phänomens: Ist es Telepathie (Sie haben Ihrem Gegenüber die Antwort gedanklich aufgezwungen) oder Hellsehen (schließlich haben Sie die Zettel ja schon vorher beschriftet, also in die Zukunft gesehen). An einem für sie fremden Ort, in einer besonderen Stimmung, nach Zahlung eines erheblichen Geldbetrags sind viele Menschen allzu leicht bereit, diese »paranormale Schiene« zu fahren.
Was halten Sie von dieser Kleinanzeige in einer Tageszeitung?

»*Geschlechtsvorhersage* mit Erfolgsgarantie: Aus ca. zehn Zeilen Handschrift der werdenden Mutter sage ich Ihnen schon im zweiten Monat mit 100%iger Sicherheit das Geschlecht Ihres Kindes voraus. Honorar

nur 100.– DM. Geld garantiert zurück, wenn meine Voraussage nicht zutreffen sollte. Noch heute kostenlose Information anfordern von ...«
Haben Sie auf Anhieb erkannt, wie hoch die Chance ist, damit kräftig Geld zu verdienen? Die Trefferchancen sind mit 50% ja nicht schlecht! Selbst wenn die Hälfte der Anfragenden enttäuscht ist und später den Betrag zurückfordert – bei der anderen Hälfte hat es ja gestimmt (und dieses Geld bleibt). Ob der »clevere Geschäftsmann« Würfel oder Münzen wirft, bleibt ihm überlassen. Die Handschrift der Schwangeren braucht er dazu jedenfalls nicht!

5. »Regeln für das Wahrsagen«

Zusammenfassend könnte man also »Regeln für das Wahrsagen« aufstellen, die derjenige/diejenige beachten sollte, der/die sich mit dem Gedanken befasst, dieses Gewerbe zu betreiben:

1. Der wichtigste Schlüssel für erfolgreiches Charakterlesen ist der Aufbau einer Vertrauensbasis. Gewinnen Sie möglichst schnell das Vertrauen Ihres Kunden!
2. Nützen Sie kreativ und intensiv die letzten Meinungsumfragen und Statistiken! Gehen Sie bei Ihren Aussagen immer von der größeren Wahrscheinlichkeit aus, auch und gerade bei privaten Fragen. »Werde ich im nächsten Jahr einen passenden Partner kennenlernen?« (gestellt von einer bildhübschen 20jährigen Frau) ...
3. Verhalten Sie sich bescheiden und halten Sie sich in Ihren Behauptungen zurück! Übertreibungen schaden nur. Sagen Sie – wie manche Politiker – mit vielen Worten möglichst wenig! Erwähnen Sie

Unwichtigkeiten und Nebensächlichkeiten, die später wieder vergessen sind, aber den Eindruck erwecken, als ob Sie in der Zukunft Ihres Kunden wie in einem Buch lesen können! Vermeiden Sie aber weitgehend konkrete Aussagen! Halten Sie eine umfangreiche Sammlung an Allgemeinplätzen bereit, die auf die meisten Menschen zutreffen! Erweitern sie diese laufend aufgrund Ihrer Erfahrungen!

4. Fördern Sie im Lauf der Sitzung fortschreitend die aktive und passive Mitarbeit Ihres Kunden! Verstärken Sie sofort einfühlsam entsprechende Tendenzen und bauen Sie sie unauffällig aus. Betonen Sie umgehend, dass Sie genau diese Aussage des Kunden am ausgeprägten Mondhügel der rechten Hand abgelesen haben ...
5. Benutzen Sie magische Hilfsmittel wie Kristallkugel, Tarotkarten oder Pendel! Da mittlerweile aber eine Unzahl an billigen »Handbüchern« für alle denkbaren magischen Praktiken stoßweise in den Buchhandlungen liegt, müssen Sie damit rechnen, dass Grundkenntnisse bereits vorhanden sind. Verwenden Sie also etwas »Exotisches« wie das nordostchinesische Horoskop, die Kartenlegemethode der assyrischen Sinti, das Orakelspiel der Hopi-Indianer o.ä.; schon die steinzeitlichen Schamanen bauten eine verbale Mauer von magischen Fachausdrücken um sich herum auf, um sich gegenüber laienhaften Nachfragen zu immunisieren (ein Vergleich zu vielen Astrologen drängt sich auf). Selbstverständlich dürfen Sie dabei sprachlich kreativ sein und neue Begriffe erfinden.
6. Halten Sie Ihre Augen offen und beobachten Sie Ihren Kunden gut! Achten Sie dabei auch auf scheinbare Kleinigkeiten!

7. Benutzen Sie die Technik des »Paraphrasierens«, das heißt: Wiederholen Sie das, was der Kunde Ihnen sagt, direkt anschließend oder nach einiger Zeit wieder. So entsteht der Eindruck, dass Sie Ihren Klienten verstehen, sich in ihn einfühlen können. Das bringt enorm viele Sympathiepunkte, weil viele Menschen sich einfach mal aussprechen wollen.
8. Lernen Sie, gut zuzuhören! Jeder hört sich selbst am liebsten sprechen und vergisst oft, dass er selbst es war, der eine Aussage gemacht hat. Lassen Sie sich ganz konkrete Fragen stellen und hören Sie dabei ganz genau hin! Sie werden dabei die erwünschte Antwort erkennen. Verpacken Sie diese aber mit vielem, spannungssteigernden Drumherum.
9. Dramatisieren Sie dort, wo es geht! »Ein Zauberkünstler ist ein Schauspieler, der einen Zauberer spielt.«
10. Erwecken Sie immer den Eindruck, dass Sie mehr wissen, als Sie Ihrem Kunden sagen! Kommen später tatsächlich Beschwerden, weil Sie ein eingetretenes (negatives) Ereignis nicht erwähnt hatten, können Sie sich immer noch darauf hinausreden, dass Sie den Kunden nicht beunruhigen wollten, aber eine bestimmte Tarotkarte sehr wohl auf ... hinwies.
11. Scheuen Sie sich nicht, bei jeder sich bietenden Gelegenheit zu schmeicheln! Tragen Sie dann ruhig dick auf! Wer viel Geld gezahlt hat, ist dafür sehr empfänglich.
12. Denken Sie an die »Goldene Regel der Wahrsagerei«: Sagen Sie Ihrem Kunden das, was er hören will! Wer zu Ihnen kommt, macht sich Sorgen wegen seiner Zukunft und will in erster Linie beruhigt werden.

Kontaktaufnahme mit dem Jenseits: Der moderne Spiritismus

1. Fallbeispiele

»Mein Freund ist vor wenigen Monaten bei einem Autounfall ums Leben gekommen. Ich (28) bin verzweifelt. Wie habe ich diesen Mann geliebt – und liebe ihn immer noch. Vielleicht kommt es Ihnen verrückt vor, aber meine Mutter meinte vor kurzem, dass es möglich sein soll, mit den Geistern im Jenseits Kontakt aufzunehmen. Kann ich eine solche Verbindung herstellen? Oder sind dazu nur besonders befähigte Menschen imstande? Ich bin völlig besessen von diesem Gedanken, mit ihm so wieder in Kontakt zu kommen. Anders weiß ich nicht mehr, wie ich weiterleben soll.« (Ulrike F., in: Das Neue Blatt, Heft 26/1990)

»Vor kurzer Zeit nahm ich an einer spiritistischen Sitzung teil. Ich muss sagen, ich hatte Angst. Meine Angst wurde noch größer, als sich unser kleiner Tisch plötzlich in Bewegung setzte und langsam auf mich zuglitt. Wir waren nicht mehr allein. Für unser Medium war alles selbstverständlich.« (Andrea R., in: Journal für die Frau, 1/1988)

»Ich habe an einer Séance teilgenommen, bei der sich ›Oma Frieda‹ aus dem Jenseits meldete und verblüffende Details aus dem Leben der anwesenden Personen wusste. Da wurde selbst mein Bruder stutzig, der noch ein viel größerer Skeptiker ist als ich. Männer sind ja dem Übersinnlichen gegenüber grundsätzlich viel misstrauischer und unaufgeschlossener als Frauen.« (Kerstin G., in: Journal für die Frau 3/1988)

»Wir sind zwei 13jährige Mädchen und uns ist neulich was Komisches passiert: meine Freundin übernachtete bei mir. Wir hörten ein ständiges Knacken, schreckten auf, aber wir sahen nichts. Plötzlich erschien auf dem Monitor meines Computers ein verschwommenes Bild. Meine Freundin schrie: ›Das ist mein Großvater!‹ Auf einmal piepste es und aus dem Computer-Drucker kam auf Endlospapier nur ein Satz: ›Rosaline, grüße alle von mir.‹ Das Bild war verschwunden, der Zettel lag auf meinem Schreibtisch.« (Rosi und Steffi aus Landshut, in: BRAVO 49/1990)

»Suche ein Medium, das Kontakt zu meiner verstorbenen Frau im Jenseits aufnehmen kann. Schön wäre ein Medium, das mit der Stimme meiner Frau reden könnte. Bitte um Hilfe ...« (Anzeige in »esotera« 6/1998)

2. Grundlegende Merkmale des modernen Spiritismus

Diese konkreten Fälle zeigen bereits grundlegende Merkmale des modernen Spiritismus:

- Im Gegensatz etwa zu religiösen Jenseitsvorstellungen genügt es beim Spiritismus, die detailliert vorgeschriebenen, magischen Rituale zum Beschwören der »Geistwesen« durchzuführen, um Kontakt aufnehmen zu können. Der Mensch wird also verfügungsmächtiger Partner der jenseitigen Welt mit einer Art »Garantie« bezüglich des Erfolgs.
- Oft ist der Verlust eines nahen Angehörigen der Auslöser für das Bemühen, den Kontakt zu »feinstoffli-

chen Wesenheiten« (d.h. Geistern von Verstorbenen) aufzunehmen.

- Stets ist die (uralte) Sehnsucht zu erkennen, mit Hilfe von bestimmten Techniken oder einem besonders medial veranlagten Menschen die Grenze zum Jenseits zu überwinden und konkrete Antworten auf Fragen, Hilfen zur Lebensbewältigung im Diesseits zu erhalten. Das Beispiel der beiden Mädchen am Computer passt insofern nicht hierher und wäre eher im Bereich des »Spuks« einzuordnen. Es zeigt aber auch, dass selbst hier modernste Technik eine Rolle spielt.
- Spiritistische Methoden gibt es in großer Vielzahl. Geister werden mit Hilfe von komplizierten Ritualen und unter Verwendung von geheimnisvollen, vom Laien nicht durchschaubaren Apparaten gerufen. Es gibt aber auch etliche Möglichkeiten, für die man nur Alltagsgegenstände braucht, die damit also jedermann offenstehen. In kaum einem anderen Teilbereich der esoterischen/okkulten Szene gibt es derart rasch wechselnde Modeströmungen wie hier.
- Deutlich spürbar ist dabei der Einfluss der modernen Massenmedien als Trendsetter, allen voran die Jugendzeitschriften und die Frauenpresse. Die dort in Form von detaillierten Gebrauchsanweisungen immer wieder vorgestellten spiritistischen Praktiken (Pendeln, Gläser- und Tischerücken, Automatisches Schreiben) werden dann auch von den oft sehr jungen Leserinnen angewandt, ohne dass auf vorhandene Gefahren auch nur hingewiesen würde.
- Die in Fernsehtalkshows hochgejubelten Medien (hier im Sinne von paranormal begabten Personen, die – meist in Trance – mit Geistern Verbindung aufzunehmen behaupten) bestimmen oft das Tagesgespräch und die Schlagzeilen. Die Zuschauer zuhause

sind allerdings nicht in der Lage, Betrügereien durch die handelnden Personen oder Manipulationen durch die Redaktionen bzw. die Regie zu durchschauen. Was haften bleibt, ist der Eindruck von absolut übersinnlichen Geschehnissen, gegen die sich keine kritischen Stimmen erheben.

Der Spiritismus selbst ist uralt und in allen Kulturen zu finden. Der moderne Spiritismus strebt allerdings oft danach, auf experimentelle Weise empirische Beweise für ein Fortleben nach dem Tode zu finden. Dazu bedient man sich dann der modernen Technik wie Tonbandgeräten oder Computern.

Es muss allerdings klar hervorgehoben werden, dass auf kaum einem anderen Gebiet derart eiskalt, plump und auch raffiniert betrogen wird. Die Zahl der entlarvten »Medien« ist nicht zu zählen – durch alle Zeiten hindurch bis zum heutigen Tag. Meist hat dies jedoch kaum einen Einfluss auf ihre Anhänger. Im Gegenteil: Selbst (fotografische) Beweise für Tricks werden von den Gläubigen negiert oder flugs umgedeutet. So hob z.B. ein Medium in einer dunklen Sitzung (Séance) den Tisch mit Hilfe eines Besenstiels an und ließ ihn wackeln. Ein mit einer insgeheim mitgebrachten Blitzlichtkamera aufgenommenes Foto enthüllte diesen Betrug. Die Anhänger des Mediums allerdings deuteten die Holzstange als »psychische Rute«, die von der übernatürlich begabten Frau »materialisiert« worden sei.

Betrügern wird es auf diesem Gebiet allerdings sehr leicht gemacht, da durch die emotional extrem dichte Atmosphäre einer »Geisterbeschwörung« die Wahrnehmungsfähigkeit der Teilnehmer auch sehr stark beeinträchtigt ist: Bereits um 1900 herum konnte man bei Zaubergerätehändlern für wenig Geld Ausrüstungen für spiritistische Sitzungen mitsamt den Gebrauchs-

Anzeige

Cyber - Sex? Sex mit Außerirdischen? Tantra - Sex?

Out!

EROS - TRIP ins Jenseits!

Längst ist unstrittig, dass es auch im Jenseits bei unseren feinstofflichen Freunden Alterungsprozesse, Befindlichkeitsstörungen und auch erotische Bedürfnisse gibt!

Immer wieder erhalten die Trancemedien in unserem Institut dringende Hilferufe von "drüben", dass jahrzehntelange, bewährte, tiefe sexuelle Beziehungen urplötzlich durch den Weltenwechsel unterbrochen wurden. Dies bereitet auf "beiden Seiten" durchaus verständliche Probleme.

Wir helfen Ihnen durch ein viertägiges Trainingsseminar, in dem Sie im Kreis von Gleichgesinnten lernen, mit dem geliebten Partner spirituell - erotisch - sexuell zu verkehren!

Ihre speziellen sexuellen Wünsche (vorab schriftlich zu melden) werden selbstverständlich mit Diskretion behandelt und berücksichtigt. Eventuell benötigte, gewohnte Hilfsmittel sind allerdings mitzubringen.
Schon jetzt können wir Ihnen unvergessliche Momente, gigantische Höhepunkte, unvergleichliches Kribbeln, tiefste Exstase, physisches und psychisches Ineinanderfließen und harmonisches Einsseins versprechen.

Genießen Sie Erotik pur - abgehoben von der materiellen Welt!

Ein Qualitätsseminar des

Ganzheitliches Institut für holistische Tansformationsmetaphysik

• Direktion •

zertifizierter Dipl.- Inspirationsmoderator

magischer Energetiker

Wolfgang Dog

anleitungen kaufen. Geistertafeln, Fesselungsmethoden mit leicht lösbaren Knoten, Materialisationsbedarf und sogar ganze »Geisterkabinetts« waren im Angebot. Gekauft wurde dies allerdings nicht nur von den Medien selbst, sondern oft auch von Zauberkünstlern, die sich der Entlarvung der Betrüger verschrieben hatten. Der bekannteste war damals wohl der Amerikaner Harry Houdini, heute ist es James Randi. Da die Menschen des 20. Jahrhunderts aber immer mehr von den Möglichkeiten der modernen Technik verstanden, verlegte man sich auf psychologische Tricks, die nicht so leicht nachzuweisen, aber nichtsdestotrotz sehr wirksam sind. Wer einmal selbst vor Ort miterlebt oder auch nur im Fernsehen verfolgt hat, wie ein modernes »Trance-Channeling-Medium« in einem vollen Saal angeblich Kontakt mit verstorbenen Angehörigen von Anwesenden aufgenommen hat, der versteht, warum es oft nur wenige Minuten dauert, bis Tränenströme fließen. Käufliche Trickgeräte, wie oben erwähnt, sind dabei nicht mehr im Gebrauch – die Wirkung auf die Zuschauer ist trotzdem enorm.
Bevor nun in den folgenden Abschnitten genauer auf die verbreitetsten Praktiken eingegangen wird, sollen zwei Fragen beantwortet werden, die davon unabhängig sind: Gibt es Gefahren, die bei spiritistischen Praktiken entstehen können? Wie sieht die Beweissituation aus?

Gefahren

Indem die eigene Verantwortung abgelegt wird, können vor allem psychisch labile Menschen sehr schnell in Abhängigkeit geraten. Zwar kann es zunächst durchaus ein tröstender Gedanke sein, dass ein geliebter Verstorbener noch nicht ganz verschwunden ist, dass man vielleicht Kontakt mit ihm aufnehmen kann. In der ersten Trauerzeit ist man für vielerlei Einflüsterungen anfällig und es erscheint nur allzu menschlich, wenn man ihnen nachgibt. Allerdings muss man immer auch mit einkalkulieren, dass ja nicht nur positive »Meldungen aus dem Jenseits« kommen, sondern auch negative und bedrohliche (z.B. bevorstehende schwere Krankheiten, Tod eines Angehörigen, Unfälle, das eigene Todesdatum). Dies wird nicht leicht zu verkraften sein und kann zu schweren psychischen Störungen führen. In Extremfällen geht die Beschäftigung mit spiritistischen Praktiken bis zu einer Spaltung der Persönlichkeit (oder verstärkt eine bereits latent vorhandene). Die Parapsychologie spricht dann von einer »mediumistischen Psychose«.

- Beweise für die Kontaktaufnahme

Auch hier muss immer wieder gefragt werden, ob der Anschein wirklich der Realität entspricht. Da man nicht beweisen kann, dass es *keine* Geister gibt, ist auch hier der Behauptende beweispflichtig!
Für den »gläubigen« Anhänger ist dies meist keine Frage, denn er »weiß«, dass es so ist. Die Forderung nach nachprüfbaren, wissenschaftlich anerkennbaren Beweisen wird abgeblockt mit dem Hamlet-Spruch: »Es gibt mehr Ding' im Himmel und auf Erden, als eure Schulweisheit sich träumt, Horati.« (Akt I, Szene V).
Georg Christoph Lichtenberg hat dies in seiner bekannt treffsicheren Art erweitert: »Ein etwas vorschnippischer Philosoph, ich glaube Hamlet, Prinz von Dänemark, hat gesagt: Es gebe eine Menge Dinge im Himmel und auf der Erde, wovon nichts in unseren Compendiis steht. Hat der einfältige Mensch, der bekanntlich nicht recht bei Trost war, damit auf unsere

Compendia der Physik gestichelt, so kann man ihm getrost antworten: Gut, dafür stehen auch wieder eine Menge von Dingen in unseren Compendien, wovon weder im Himmel noch auf der Erde etwas vorkömmt.«
Ein redlicher Wissenschaftler wird weder das eine noch das andere bezweifeln, sondern mit einem Ausspruch Isaac Newtons antworten: »Was wir wissen, ist ein Tropfen. Was wir nicht wissen, ein Ozean.«
Dies entbindet aber keinen Spiritisten vom Nachweis, dass seine Behauptung auch nachprüfbar ist.
Seit Jahren ärgert es mich bei zahlreichen Begegnungen mit Geisterbeschwörern, dass aus dem Jenseits vorwiegend Allerweltsfloskeln gesendet werden: »Mir geht es gut, macht euch keine Sorgen. Grüße Tante Anna von mir und sage ihr, dass sie weniger rauchen soll ...«
Wenn Geistwesen existieren und sie bestimmte übermenschliche Fähigkeiten besitzen, dann müsste es doch ein leichtes für sie sein, dies uns auch unzweideutig zu beweisen:

- Es gibt immer noch so viele ungelöste Probleme in den verschiedensten Wissenschaften, die mit einem entsprechenden Hinweis aus dem Jenseits angegangen werden könnten.
- Zweifellos wären auch Ingenieure dankbar für Tipps zur Lösung des Energieproblems (z.B. im Hinblick auf die technisch nutzbare Kernfusion).
- Die Geheimnummer meiner Scheckkarte sollte von einem Geist eigentlich herausgefunden und genannt werden können.
- Paul Watzlawick («Anleitung zum Unglücklichsein«, Seite 45) trifft mit einer hübschen Geschichte den Punkt: »Auf ihrem Sterbebett nimmt eine junge Frau ihrem Mann das Gelöbnis ab, sich nach ihrem Tode

nie mit einer anderen einzulassen. ›Wenn du dein Versprechen brichst, werde ich als Geist zurückkommen und dir keine Ruhe lassen.‹ – Der Mann hält sich zunächst daran, aber einige Monate nach ihrem Tode lernt er eine andere Frau kennen und verliebt sich in sie. Bald darauf beginnt ein Geist ihm jede Nacht zu erscheinen und ihn des Bruchs seines Gelöbnisses zu beschuldigen. Dass es sich um einen Geist handelt, steht für den Mann außer Frage, da der Geist nicht nur über alles unterrichtet ist, was zwischen dem Mann und der neuen Frau täglich vorgeht, sondern auch über die geheimsten Gedanken, Hoffnungen und Gefühle des Mannes genau Bescheid weiß. Da die Lage schließlich für ihn unerträglich wird, geht der Mann zu einem Zen-Meister und bittet ihn um Rat.

›Eure erste Frau wurde zum Geist und weiß alles, was Ihr tut‹, erklärte der Meister. ›Was immer Ihr tut oder sagt, was immer Ihr Eurer Geliebten gebt, sie weiß es. Sie muss ein sehr weiser Geist sein. Fürwahr, Ihr solltet solch einen Geist bewundern. Wenn sie das nächste Mal erscheint, macht einen Handel mit ihr aus. Sagt ihr, dass sie so viel weiß, dass Ihr nichts vor ihr verbergen könnt und dass Ihr Eure Verlobung brechen und ledig bleiben werdet, wenn sie Euch eine Frage beantworten kann.‹ ›Was ist das für eine Frage, die ich ihr stellen muss?‹ fragte der Mann. Der Meister erwiderte: ›Nehmt eine gute Handvoll Bohnen und fragt sie nach der genauen Zahl der Bohnen in Eurer Hand. Wenn sie es Euch nicht sagen kann, so werdet Ihr wissen, dass sie nur eine Ausgeburt Eurer Phantasie ist, und sie wird Euch nicht länger stören.‹ Als der Geist der Frau in der nächsten Nacht erschien, schmeichelte der Mann ihr und sagte, dass sie alles wisse. ›In der Tat‹, antwortete der

Geist, ›und ich weiß, dass du heute bei jenem Zen-Meister warst.‹ ›Und da du so viel weißt‹, forderte der Mann, ›sag mir, wie viele Bohnen ich in meiner Hand halte.‹ Da war kein Geist mehr, um diese Frage zu beantworten.«

Nachzutragen bleibt, dass der weise Zen-Meister hier aus dem Handgelenk einen einfachen (wissenschaftlichen) Doppelblindversuch vorschlug, da eben der Witwer selbst die Zahl der Bohnen nicht kannte.

Mir antwortete einmal ein Geist auf diese Frage: »Mein lieber Hund (der vom Spiritisten gerufene Onkel hatte meinen Vornamen vergessen!) – es würde ja viel zu lange dauern, um die Bohnen zu zählen ...!« – Ja dann!

3. Das Pendel

3.1 Fallbeispiele

»... Ich war mit meiner Freundin zur Kur, dort lernten wir ein Mädchen kennen, das uns das Pendeln beibrachte. Wir waren wieder einmal beim Pendeln und hatten den Geist von Marilyn Monroe beschworen, als auf einmal ein Rascheln zu hören war. Wir hatten uns gerade beruhigt, da fing es an, im Schrank zu rumoren, dann hob sich der Tisch und wir fingen an zu schreien. Wir zerstörten den Kreis und bliesen die Kerze aus. Es war dunkel im Raum und keiner traute sich aufzustehen. Nach einer Weile zersprang unser Spiegel, der an der Wand hing. Noch zwei Wochen danach verfolgte mich das Geräusch, ich konnte keine Nacht richtig schlafen ...« (Christine, in: BRAVO 7/1992)

»Vor zwei Jahren starb mein Vater, an dem wir alle sehr hingen. Meine Mutter hatte zu jenem Zeitpunkt

Kontakt zu einer Kollegin, die Buchstaben pendelt und auf diese Weise mit ihrem verstorbenen Sohn Verbindung hat. Diese Frau nahm nun Kontakt zu meinem Vater auf und erhielt Botschaften, die meiner Mutter und uns ein großer Trost waren.« (Hannelore M., in: Journal für die Frau 1/1988)

»Es ist heute wissenschaftlich erwiesen, dass unser Universum aus Energiefeldern besteht, die wir mit unseren fünf Sinnen nicht wahrnehmen können. Jeder organische Stoff (seien es Tiere, Pflanzen, Flüssigkeiten, Metall, Mineralien oder der Mensch) hat sein eigenes Energiefeld (Aura). Da wir dieses Feld mit unseren Sinnen nicht wahrnehmen können, brauchen wir ein neutrales Instrument, das Pendel, um uns diese besonderen Energieströme zu Nutze zu machen.« (Aus einem Beipackzettel zu einem »Echten Wahrsagerpendel«)

»Tagelang hatten Polizeihundertschaften mit Suchhunden und Hubschraubern in einem Wald südlich von München nach der Leiche des ... gesucht. Schließlich meldete sich die Hellseherin und Heilpraktikerin Inga S. bei der Münchener Polizei und gab an, sie kenne den Fundort der Leiche. Sie hatte die Stelle auf einem Stadtplan ausgependelt. Wenig später wurde ... gefunden – genau an der Stelle, die die Hellseherin angegeben hatte ...« (aus: »esotera« 2/1990)

»Pendeln – Wer ist erfahren, im Raum HD entl. Katze wiederzufinden? T: ...« (Kleinanzeige in: »esotera« 11/1995)

»Ich wollte bemerken, dass nicht alles Hokuspokus ist, was irgendwie mit Pendeln zusammenhängt. Pendel werden z.B. bei Zahnärzten zur Hypnose verwendet.

Mein Vater ist Zahnarzt und ich kann versichern, dass ich vor dem Pendel regelrecht eingeschlafen bin ...« (Almuth P., Leserzuschrift an die Zeitschrift »Floh« 31/1996)

»Wer kann anhand einer Photographie eine Pendeldiagnose erstellen? Ich zahle bis 500.– DM. Zuschr. ...« (Kleinanzeige in »esotera« 1/1994)

»Ich (15) habe mit meiner Tante schon oft Pendeln gemacht und beim dritten Mal habe ich nachts Alpträume bekommen. Meine Tante sagt, es geht wieder vorbei. Aber jetzt sind diese Alpträume schon fast zwei Wochen. Auch dass meine Mutter auf dem Friedhof lebendig begraben ist. Könnten Sie mir sagen, was ich tun soll?« (Brief an den Verfasser, 1998)

»Die Clique des 16jährigen Realschülers Markus fährt total auf Geisterbeschwörung und Pendeln ab. Bislang war Markus ja immer dagegen, aber kürzlich hat er sich dazu verleiten lassen, eine Geistersitzung mitzumachen. Markus: ›Ich muss zugeben, dass meine anfängliche Skepsis in totale Begeisterung umgeschlagen ist. Mittlerweile bin ich echt davon überzeugt, dass was dran ist an den ganzen Sachen.‹ Doch die Folgen der Sitzung haben Markus schwer getroffen. ›Wir haben mein Todesdatum ausgependelt. Es soll irgendwann im August zwischen 1995 und dem Jahr 2000 sein. Jetzt muss ich immer wieder daran denken. Ich habe Angst vor dem Tod. Und ich will nicht so früh sterben. Diese Gedanken beschäftigen mich so stark. Ich habe das Gefühl, ein anderer Mensch geworden zu sein ...‹ » (Popcorn 5/1989)

3.2 »Magische« Verwendungsmöglichkeiten

Diese (kleine) Auswahl an konkreten Fällen zeigt die umfangreichen magischen Verwendungsmöglichkeiten des Pendels. In der Tat ist es seit langer Zeit eines der beliebtesten Hilfsmittel, wenn es darum geht, im D(T)rüben zu fischen. Sowohl kurze Entscheidungsantworten («ja« – »nein« in Form von unter dem Pendel liegenden Zetteln) als auch vollständige Wörter und Sätze (mit Hilfe eines »Oui-Ja-Boards« , vgl. S. 77) werden als »aus der jenseitigen Schwingungsebene kommend« interpretiert.

Das Pendel wird eingesetzt, um

- Kontakt mit Geistern herzustellen,
- Krankheiten zu diagnostizieren,
- verschwundene Menschen, Tiere oder Gegenstände wiederzufinden,
- einen Blick in die Zukunft zu werfen,
- das Geschlecht eines ungeborenen Kindes festzustellen,
- passende Medikamente herauszufinden,
- den richtigen Partner zu wählen,
- Bodenschätze, »Wasseradern« zu entdecken,
- das passende Urlaubsziel oder die persönlichen Lottoglückszahlen zu erpendeln usw.

Und immer wieder scheint es erstaunlicherweise zu funktionieren! Der Aufwand dabei ist denkbar gering, denn allgemein gesprochen ist ein Pendel eigentlich nur ein Gewicht, das frei an einem Faden aufgehängt wird und das unter dem Einfluss der Schwerkraft Schwingungen ausführt. Dazu ist eine Schraubenmutter nicht weniger geeignet als ein »beinahe fast echt goldenes Wahrsagerpendel« für 600 DM aus dem Esoterikhandel.

Auf der anderen Seite ist dieses magische Gerät aber auch sehr gut geeignet, die Funktionsweise des Pendels zu hinterfragen und die daraus gewonnenen Erkenntnisse auf andere Hilfsmittel und Verfahren zu übertragen. (So sind die okkulten Praktiken des Gläserrückens und des automatischen Schreibens mit einer Planchette nur Abwandlungen bzw. Erweiterungen des Pendels, ebenso die weit verbreitete Technik des Wünschelrutengehens.)

Zwei Fragen stellen sich beim Umgang mit diesem Gerät:
1. Warum bewegt sich das Pendel überhaupt?
2. Warum bewegt es sich so »magisch«?

3.3 Warum bewegt sich das Pendel überhaupt?

Ein an einem Stativ aufgehängtes Pendel bewegt sich nicht! Deshalb liegt es nahe, die Bewegungsursache beim haltenden Menschen selbst zu suchen. Schon 1640 wurde vom Jesuitenpater Athanasius Kircher vermutet, dass unwillkürliche Muskelbewegungen die Ursache für die Pendelbewegung sind. Tatsächlich wirken hier mehrere Punkte zusammen:
Ein absoluter »Ruhezustand« der Muskeln kann auch im bequemsten Fernsehsessel nicht erreicht werden. Die Muskelspannung besteht immer, was sich durch messbare elektrische Erregungsimpulse beweisen lässt – also auch, wenn beim Pendeln der Ellbogen aufgestützt wird. Außerdem tritt in derartigen Fällen immer eine Ermüdung ein, die zu unmerklichem Muskelzittern führt. Aufgrund des langen Hebelarms (Pendelschnur) führt eine winzige Bewegung dann sofort zu einem deutlich erkennbaren Schwingen. Absolut ruhig halten kann also niemand ein Pendel, wie auch Auf-

nahmen mit Hochgeschwindigkeitskameras optisch eindeutig beweisen. Selbst wenn dies subjektiv so empfunden wird – objektiv ist diesen falsch. Sportschützen und Jäger kennen diesen Effekt: Je länger man vor dem Abdrücken wartet, desto mehr zittert der Lauf.
Wer zum ersten Mal ein Pendel in die Hand nimmt, wundert sich wahrscheinlich, dass die Schwingungen zunächst gering sind und dann immer stärker werden. Hier setzt (oft sehr schnell) eine Aufschaukelung ein, eine sog. Resonanz; d.h., im jeweils gleichen Rhythmus kommt ein neuer Schwingungsanstoß hinzu. Allgemein bekannt ist dies z. B. von der Kinderschaukel auf dem Spielplatz oder von der Schiffschaukel auf dem Volksfest. Auch das Beispiel von Militärkolonnen, die auf Brücken den Gleichschritt einstellen müssen (weil sonst die Brücke mitschwingt und unter Umständen sogar einstürzt) gehört hierher.
Meist wird die Pendelschnur mehrmals um den haltenden Zeigefinger gewickelt oder zwischen den Fingerspitzen an einer Perle gehalten. Dabei kommen weitere, unmerkliche Bewegungsimpulse hinzu, weil sich selbstverständlich der Pulsschlag auch hier bemerkbar macht.
Welchen Einfluss die Atmung auf die Grob- und Feinmotorik hat, ist ebenfalls vom Schießen her bekannt. Es muss dann abgedrückt werden, wenn Arm und Brustkorb möglichst ruhig sind, also beim Ausatmen. Beim Pendeln sind mehrere lange Hebelarme bei der Übertragung dieser rhythmischen Impulse beteiligt: Ober- und Unterarm und Pendelschnur.
Von der psychischen Seite kommt bei okkulten Praktiken die Erwartungshaltung, oft die Angst hinzu, die zu weiteren Verspannungen, zu Verkrampfungen und von daher zu verstärktem Muskelzittern führt.
Diese fünf Punkte erklären hinreichend, d.h. ohne An-

nahmen übernatürlicher Art, warum sich früher oder später das Pendel (oder das Glas, die Planchette, die Wünschelrute) bewegen werden. Irgendwie!
Sie geben aber noch keine Antwort auf die »magische Seite«, wenn etwa angeblich vermisste Personen durch Pendeln über Stadtplänen gefunden, Antworten aus dem Jenseits gegeben oder tatsächlich eintreffende Zukunftsprognosen gestellt werden. In der Tat sind hier dann auch nicht die Naturwissenschaften heranzuziehen, sondern vorwiegend die Psychologie.

3.4 Warum bewegt sich das Pendel »magisch«?

Warum also kann man anscheinend mit Hilfe des Pendels »Antworten aus dem Jenseits« (wie auch immer es aussehen soll) erhalten?
Der letzte der o.a. Fälle zeigt wichtige psychische Mechanismen auf, denn es sind immer wieder derartige Vorhersagen – etwa in Bezug auf das Todesdatum – eingetroffen.
Grundlegend für viele okkulte Praktiken, bei denen sich etwas bewegt, sind unbewusste Muskelbewegungen. Man nennt dies in der Psychologie das »Gesetz der ideomotorischen Bewegungen« oder den »Carpenter-Effekt«.
Schon Aristoteles schrieb in »De anima« (III, 431b): »Auch außerhalb der Sinneswahrnehmung auf bloße Vorstellung hin tritt das Bewegungsvermögen in Tätigkeit.« Der englische Arzt W.B. Carpenter formulierte es in der Weise, in der es heute meist bekannt ist: »Jede Bewegungsvorstellung bewirkt bereits einen Antrieb zum Vollzug dieser Bewegung.« Allein der Gedanke an eine Armbewegung lässt entsprechende Aktionsströme in der betreffenden Muskulatur fließen, natürlich unbemerkt vom Menschen. Dieser Effekt ist im All-

tag überall zu beobachten, denn wir unterliegen ihm alle:
Beim Wort »Turm« gehen die Augäpfel – messbar! – nach oben, weil wir alle gelernt haben, dass ein »Turm« ein hohes Gebäude ist, zu dem man aufschauen muss.
Fragen Sie eine beliebige Person: »Was ist eine Wendeltreppe?« Als Antwort erhalten Sie – neben einer verbalen Beschreibung – immer auch eine entsprechende, schraubenförmige Bewegung nach oben – mit einer Hand! Blitzartig stellt sich der Gefragte in Gedanken eine Wendeltreppe vor und führt automatisch, unbewusst eine erläuternde Bewegung aus.
»Hellseher« können folgende Leistungen erbringen: Sie lassen sich die Augen verbinden und suchen dann einen kleinen Gegenstand, der während ihrer Abwesenheit im Raum versteckt wurde. Als Hilfe dient dabei eine Person, die das Versteck kennt. Dieser Helfer führt das »Medium«, indem er es z.B. am Handgelenk fasst. Das Medium achtet dabei auf unbewusste Muskelreaktionen. Wer »rechts« oder »links« denkt, führt – ohne es zu merken – auch entsprechende kleine Bewegungen durch, die eine geschulte Person erkennen kann.
Wenn man mit kleinen Kindern, die Fahrrad fahren lernen sollen, auf einen großen, freien Platz geht und sie dort darauf aufmerksam macht, dass keine Gefahr droht bis auf den Ziegelstein, der in der Mitte liegt ... Das Kind steigt auf, holt Schwung, radelt los ... und fährt schnurstracks auf den Stein zu! Es gibt viele Beispiele dieser Art, bei denen die intensive Vorstellung einer unbedingt zu vermeidenden Handlung genau diese nach sich zieht! »Pass bloß auf deine saubere Hose auf und mach keine Sahnetortenflecken darauf!« – Schon passiert es!
»Der Gang zur Notrufsäule an der Autobahn endet oft tödlich. Unfallforscher der Düsseldorfer Autobahnpoli-

zei teilten am Mittwoch mit, dass 1993 zehn Prozent der Unfalltoten auf Autobahnen in Deutschland Fußgänger waren, die auf dem Standstreifen liefen. Autofahrer reagierten auf ihren Anblick häufig mit einer unbewussten Muskelbewegung und würden regelrecht auf die Fußgänger zulenken.« (Der TAGESSPIEGEL 10. 2. 1994)
Beobachten Sie sich einmal selbst beim Fernsehen, wenn eine packende Sportsendung oder ein Actionfilm läuft! Jeder Mensch vollführt dabei mehr oder weniger deutliche, aber spürbare Bewegungen, obwohl der Film ja nur im »Kopf« läuft. Man macht unwillkürlich den Sprung des Leichtathleten mit und geht bei der üblichen Autoverfolgungsjagd in die Kurven. Auch das »Bremsen« des Beifahrers im Auto gehört hierher sowie die merkwürdig anmutenden Bewegungen des Keglers, nachdem die Kugel bereits unterwegs ist.
Schon diese wenigen Beispiele zeigen, dass allein die Vorstellung einer Bewegung zu ihrer erkennbaren Ausführung führt. Auf das Pendel übertragen heißt dies: Das Pendel macht die Bewegung, die man sich vorstellt! Soll es sich im Kreis bewegen, genügt es, sich eine solche Figur vorzustellen und das Pendel ruhig zu halten. In kürzester Zeit wird es beginnen, immer mehr im Kreis zu schwingen. Stellt man sich eine Hin- und Herbewegung vor, führt auch dies umgehend zum Erfolg. Der Pendler hat dabei das – subjektiv richtige, objektiv falsche – Gefühl, »eigentlich überhaupt nichts zu tun«.
Wenn man die Antwort kennt, steuert der Pendler also selbst die Bewegungen des Geräts. Meist wird dabei ein sog. Oui-Ja-Board verwendet (franz. »oui«, dt. »ja«): Um die Tischkante herum werden Buchstabenkärtchen des Alphabets, eine »Ja«- und »Neinkarte« und die Zahlen von 0 bis 9 gelegt. Das Pendel bewegt sich von einem Buchstaben zum nächsten und bildet dadurch Worte.

Ein einfacher Versuch dazu ist auch das Geschlechterpendeln, das vor allem von schwangeren Frauen über dem Handgelenk ausgeführt wird. Es wird behauptet, das Pendel könne »geschlechtsspezifische Schwingungen« erkennen und umsetzen. Man kann dies selbst ausprobieren, wenn man das Pendel über das Bild eines Mannes hält. Es wird sich darüber im Kreis bewegen. Danach wird das Foto ausgetauscht gegen das einer Frau. Sofort geht das Pendel in eine Hin- und Herbewegung über. Was aber passiert, wenn man die Bilder umdreht, kräftig (!) durcheinandermischt und erneut mit dem Pendel untersucht? (Wobei die Trefferchance mit 50 Prozent nicht schlecht ist!) Und wie funktioniert es, wenn man einer anderen Person genau die entgegengesetzten Anweisungen für Mann/Frau gibt und diese Person dann über den gleichen Bildern pendelt?

Damit ist aber noch immer nicht erklärt, warum das Pendel angeblich auch »Antworten aus dem Jenseits geben kann, die dem Fragenden/Pendelnden zu diesem Zeitpunkt selbst nicht bekannt sind«. Im Nachhinein wird dies dann oft überprüft. Hier kommt das bekannte »Unbewusste« ins Spiel. Alles – oder zumindest ungeheuer viel – von dem, was wir im Leben erlebt haben, ist »gespeichert«. Allerdings nicht so wie auf der Festplatte eines Computers, sondern oft genug verfälscht, verkürzt, in der Gewichtung verändert. Ab und zu erlebt jeder Mensch, dass etwas plötzlich »hochkommt«, in das Bewusstsein zurückgeholt wird. Die Ursache dafür ist oft nicht direkt erkennbar, es kann ein Geruch sein, ein Gegenstand, ein anderer Mensch, eine ähnliche Situation. Parapsychologen sprechen von »Steigrohren des Unterbewusstseins«, die vor allem bei leichter Trance eine Verbindung schaffen zwischen den verschiedenen Ebenen.

Ohne dass es der Pendelnde merkt, gerät er in einen leichten (oder tieferen) anderen Bewusstseinszustand, in dem früher einmal Gewusstes, Verdrängtes, Befürchtetes, Erhofftes, »Vergessenes« und nicht bewusst Wahrgenommenes die Bewusstseinsschwelle erreicht und damit eine Pendelbewegung herbeiführt. Das heißt, dass sich der pendelnde Mensch die Bewegung unbewusst vorstellt, die sich dann tatsächlich aufgrund der Ideomotorik umsetzt. Allein die unbewusste Befürchtung beim Auspendeln des Todesdatums («Hoffentlich nicht die Jahreszahl 200x ...«) bewirkt einen entsprechenden Ausschlag. Fatal dabei ist, dass Ängste anscheinend stärker wirken als positive Gedanken.
Selbstverständlich gibt es beim Pendeln auch richtige Antworten – einfach aufgrund des Zufalls. Auch wenn Sie, wie oben vorgeschlagen, die Bilder von Männern und Frauen austauschen, können beim Pendeln trotzdem etliche Treffer in Folge gelingen. Bei genügend vielen Durchgängen allerdings wird es sich auf 50 : 50 einpendeln.
Der Mechanismus der »selbsterfüllenden Prophezeiung« darf nicht unterschätzt werden und sollte eigentlich immer dann zur Sprache kommen, wenn es um die Gefahren esoterischer bzw. okkulter Praktiken geht: Man macht das wahr, was man (unbewusst) befürchtet oder erhofft! Wer sich auf das Gebiet der Orakel oder der Geisterbeschwörung begibt, muss damit rechnen, dass er auch »Nachrichten« erhält, die nicht einfach verkraftet werden können (Krankheiten, Unfälle, Todesdaten), die jahrelang im Verborgenen schlummern und dann urplötzlich zu ihrer zwanghaften Erfüllung drängen.
Die eingangs angeführten, immer wieder behaupteten Treffer von Hellsehern beim Auffinden von vermissten Personen sind durchgehend ins Reich der Legenden,

der Selbstdarstellung, der Werbung zu verweisen, da sie meist erst im Nachhinein veröffentlicht werden und die Polizei die Behauptungen in den nachgeprüften Fällen klar widerlegen kann.

Zusammenfassend lässt sich also sagen: Entscheidend bei all diesen Vorgängen ist deren Bedeutung: Kommen die Antworten von einer jenseitigen Macht oder aus mir selbst bzw. lassen sich die Sachverhalte auf natürliche Faktoren zurückführen und durch diese erklären? Ich denke, dass gezeigt werden konnte, dass für eine paranormale Hypothese keine Notwendigkeit besteht. Schon oft wurde ich von Jugendlichen wie auch Erwachsenen gebeten, bestimmte, ganz konkrete Ereignisse einer bestimmten spiritistischen Pendelsitzung zu »erklären«. Im Nachhinein (als nicht Dabeigewesener) muss dies allerdings in den meisten Fällen scheitern, weil es sich dabei um subjektiv erlebte, emotional extrem beeinträchtigte Schilderungen handelt, die nicht nachzuvollziehen sind. Zufällige Ereignisse während dieser gefühlsmäßigen Anspannung werden miteinander in Verbindung gebracht und anders eingeordnet, als dies in der Alltagssituation der Fall wäre.

Der Vollständigkeit halber sei erwähnt, dass das Pendel außer beim Spiritismus auch als Diagnoseinstrument im »alternativmedizinischen Bereich« verwendet wird. Die Stiftung Warentest schreibt dazu in ihrem »Handbuch: Die Andere Medizin« (Seite 322) abschließend:

»Kritik:

- Die Bewegung des siderischen Pendels ist nicht von kosmischen Energien abhängig.
- Die Impulse stammen aus Muskelspannungsänderungen, die durch den Puls verursacht werden. Sie werden von unbewussten Vorstellungen des Pendlers gesteuert. Die Wissenschaft nennt dieses Phänomen ideomotorische Bewegung.

- Es gibt keine Dokumentation oder Nachweise über die Aussagekraft der Pendeldiagnose und keinen Nachweis über die behaupteten Erfolge der aus ihr abgeleiteten Therapien.
- Als Diagnosemethode und zur Testung von Medikamenten ist Pendeln nicht geeignet. Fehldiagnosen sind wahrscheinlich.

Empfehlung:
Von einer Diagnosestellung durch Pendeln ist abzuraten.«

4. Gläserrücken

4.1 Fallbeispiele

»Alles hat aus Spaß angefangen. Unsere Freundin schlug uns vor, Gläserrücken zu machen. Dabei nimmt man mit den Toten Kontakt auf und kann von ihnen alles erfahren, was man wissen will, auch über die Zukunft. Hier liegt unser großes Problem: Nachdem wir verschiedene Sachen gefragt haben und immer gute Antworten dabei herauskamen, bekamen wir eine schreckliche und unglaubliche Nachricht. Eine unserer Freundinnen soll in zwei Jahren, also angeblich mit 16, nach einem Verkehrsunfall mit ihrer Familie ums Leben kommen. Diese Antwort hörten wir mehrmals, nachdem wir mehrmals danach gefragt hatten. Und noch etwas: Wir haben gefragt, ob es schädlich ist, mit Toten Kontakt aufzunehmen und als Antwort bekamen wir ein Ja! ›Er‹ hat uns gewarnt, sie wieder zu rufen. ›Er‹ hat uns auch noch gesagt, dass ›er‹ Angst vor einer gewissen Person hat. Als wir das genauer wissen wollten, antwortete ›er‹ uns folgendes: BU, V, TC. Was ist das eigentlich?« (Sissy, Gaby, Marion, 14 und 15 Jahre alt, in: BRAVO 31/1988)

»Vor zwei Wochen haben meine Freundinnen und ich (13) ein Spiel gemacht. Es wird Gläserrücken genannt. Man kann mit diesem Spiel Geister rufen. Diese Geister beantworten Fragen, die man stellt, mit Hilfe eines Glases. Auf dieses Glas hält jeder Spieler einen Zeigefinger. Das Glas rutscht bei der Beantwortung zu verschiedenen mit Buchstaben und Ziffern versehenen Zetteln. Ich fragte den Geist, den meine Freundinnen herbeigeschworen hatten, nach dem Geburtsdatum meiner Omi. Das Glas rutschte immer auf die falschen Zettel. Da war mir klar, dass da geschummelt wurde, denn keine meiner Freundinnen kannte das Geburtsdatum meiner Oma. Trotzdem stellte ich noch eine Frage: ›Geist, wie alt werde ich?‹ Das Glas rutschte wie wild. Heraus kamen eine 16 und der Name David. So heißt ein Junge, den ich kenne. Die Wörter ›böse‹ und ›See‹ folgten. Jetzt habe ich doch Angst bekommen. Ich wohne nämlich an einem See, und David wohnt auch dort. Und der soll mir mit 16 etwas Böses antun? David ist doch so nett und freundlich. Kann so eine Vorhersage in Erfüllung gehen?« (Lena P., in: Das Neue Blatt 22/1998)

»Während unseres Skilagers veranstalteten sieben Schülerinnen einer 8. Klasse in ihrem Zimmer ›Gläserrücken‹. Im Laufe des Abends steigerten sich die Mädchen in eine Hysterie, die bis früh um 4 Uhr (›Verschwinden des bösen Geistes‹) andauerte. Der ›Geist‹ verlangte, nach Aussage der Beteiligten, Blut und drohte Unfälle beim Skifahren an. Einer Schülerin wurde für den 9. 9. 1999 ihr Tod angekündigt.« (Brief eines Lehrers an den Verfasser, 1999)

»Ich war 12, als mir meine Freundin (13) erzählte, dass sie Geister rufen kann. Meine anderen Freundinnen und ich haben es ihr nicht geglaubt. Zum Beweis forderte sie uns auf, uns in meinem Zimmer auf den Boden zu setzen. Dann stellte sie ein Glas in die Mitte, die Öffnung nach unten. Um das Glas legte sie auf Papier geschriebene Buchstaben und knipste das Licht aus. Es war stockfinster, als wir unsere Finger auf das Glas legten. Meine 13jährige Freundin sagte etwas, was ich nicht verstehen konnte. Danach fing das Glas an zu wackeln. Meine Freundin fragte nun den Geist, wie er hieße. Das Glas ging dann von einem Buchstaben zu anderen. Sein Name war Satan. Wie auf Kommando nahmen wir unsere Finger vom Glas. Seit diesem Tag hatten meine Freundinnen und ich Alpträume. Einmal fiel ich sogar in der Schule in Ohnmacht. Daraufhin nahm ich das Glas und schloss es in einer Schublade ein. Seitdem hatten wir keine Alpträume mehr. Ich kann nur jedem raten: Versucht es niemals!« (Jacqueline, 16 Jahre, in: BRAVO 7/1992)

»Vor drei Jahren habe ich Gläserrücken ausprobiert. Das hätte ich besser lassen sollen, denn was ich damals erlebte, verfolgt mich bis heute. Damals war ich mit einer Clique auf einem einsamen Bauernhof zelten. Wir probierten dort das Gläserrücken zum ersten Mal aus. Nach einigen Sitzungen kamen wir nicht mehr davon los. Um unsere Angst zu unterdrücken, tranken wir jede Menge Alkohol. Es passierten schreckliche Dinge: Das Glas übermittelte uns, dass wir alle umgebracht werden mit einer Schere, die fünf Meter von uns entfernt auf einem Tisch lag. Wir warfen die Schere in hohem Bogen ins Heu. Vor lauter Angst schliefen wir alle in einem Zelt. Am nächsten Morgen erlebten wir einen Schock: Die Schere lag vor unserem Zelt. Sie schien uns zu verfolgen. Noch am selben Tag fuhren wir wieder nach Hause. Wenn ich über meine Ängste rede, glaubt mir niemand. Noch heute schlafe ich schlecht. Auch dass ich diesen Brief schrieb, hat mich erleichtert. Ich trage jetzt auch ein Kreuz, das mich beschützt.« (Stefanie, 18 Jahre, in: BRAVO 7/1992)

» ... Die Schüler veranstalteten Gläserrücken auf einer selbst angefertigten Pappunterlage mit verschiedenen aufgezeichneten Feldern. Von allen Mitspielern wurde in das Glas gehaucht, das Glas wurde umgedreht und mit der Öffnung nach unten in die Mitte des Pappkartons gestellt. Alle legten den Zeigefinger auf das Glas und nach einer kleinen Weile hätte sich das Glas nach einem Zauberspruch oder dem Anrufen von bestimmten Geistern oder Verstorbenen bewegt und wäre über die Pappunterlage auf bestimmte Felder gewandert, ohne dass einer der Mitspieler geschoben oder gedrückt hätte. So hätte das Glas auf der Unterlage je nach Frage bestimmte Positionen eingenommen und entsprechende Fragen ›beantwortet‹. Außerdem sei auch einmal unerklärlicherweise ein Kissen durch den Raum geflogen oder geschwebt ...« (Brief eines Lehrers an den Verfasser, 1998)

» ... In den letzten Ferien berichtete mir mein Sohn, dass er mit einer Bekannten im Internat mehrmals ›Gläserrücken‹ veranstaltet hätte, und er war total beeindruckt. Die Geister hätten angeblich auf alle Fragen richtig geantwortet und er hätte sogar Kontakt zu einer verstorbenen Großmutter aufgenommen. Ich zeigte ihm meine Ungläubigkeit, ließ ihn allerdings mein Entsetzen darüber (noch) nicht merken. Er wollte mir dann unbedingt beweisen, dass er mit bestimmten Geistern Kontakt aufnehmen könne, wenn ich nur richtig mitmache. Um mit ihm im Gespräch zu bleiben, stimmte ich zu. Er zelebrierte dann über eine Stunde genau das, was das Mädchen in der Schule auch getan hatte. Es klappte bei uns natürlich nicht. Er führte das darauf zurück, dass entweder ich nicht richtig bei der Sache gewesen sei, er das Rufen der Geister nicht richtig beherrsche oder wir nur zu zweit gewesen seien. Er legte auch vorher noch einen Hammer neben sich, um das Glas zu zerschlagen, falls ein ›böser‹ Geist kommen sollte. Ich bin über alles das sehr beunruhigt ...« (Brief einer Mutter an den Verfasser, 1998)

4.2 Gemeinsamkeiten

Diese sieben Fallschilderungen zeigen bereits deutlich einige spezielle Gemeinsamkeiten, die beim Gläserrücken auftreten bzw. zu beobachten sind:

- Auslösendes Motiv ist oft genug Neugier in einer lockeren Partyatmosphäre, vergleichbar etwa mit dem vor allem von Erwachsenen durchgeführten Bleigießen an Silvester. Die okkulte Praktik des Gläserrückens wird als »Spiel« gesehen, »mit dem man Geister rufen kann« (Fall 2). Grundlage dafür sind immer wieder Gebrauchsanweisungen, die in »Jugendzeitschriften« erscheinen und in Form einer »Geisterbahn zum Nulltarif« den prickelnden Kick versprechen. Dass dies eventuell auch Probleme bereiten kann, wird meist völlig verschwiegen. Gläserrücken wird von Jugendlichen vorzugsweise bei Klassenfahrten, Schullandheimaufenthalten, Skilagern, Konfirmandenfreizeiten und in Heimschulen (Internaten) durchgeführt, wenn man außerhalb des Alltags auch abends bzw. nachts beisammen ist. Dann ist die Suche nach dem »Kick« besonders stark, die Gelegenheit günstig, die Umgebung oft geheimnisvoll ungewohnt und die Versuchung groß für Einzelne, sich mit ihrem magischen Wissen hervorzutun. Bei diesen Gelegenheiten steigert sich die anfänglich durchaus gelöste Stimmung dann auch besonders schnell bis hin zu Massenhysterien, denen die Erzieher hilflos gegenüberstehen. Mehrmals mussten entsprechende Veranstaltungen nach der ersten Nacht abgebrochen und die Heimfahrt angetreten werden.

- Auch die Vorgehensweise beim Gläserrücken ist grundsätzlich immer gleich: Ein leichtes Glas wird mit der Öffnung nach unten in einen Buchstabenkreis (»Oui-Ja-Board«) auf einem glatten, meist runden Tisch gestellt. Die im Kreis sitzenden Teilnehmer legen, ohne Druck auszuüben, einen Finger oben auf den Boden des Glases. Nach einer gewissen Zeit beginnt sich das Glas zu bewegen und von einem Buchstaben zum anderen zu rutschen. Dies wird meist mitprotokolliert, weil es sehr schnell gehen kann. So entstehen Worte und Sätze, die Antworten aus dem Jenseits auf gestellte Fragen sein sollen.
- Verstärkt (im Vergleich zu den schon vom Pendeln her bekannten ideomotorischen Bewegungen) kommen bei dieser Praktik gruppendynamische Prozesse hinzu, die im Nachhinein – noch dazu von einem, der nicht dabei war – nicht mehr nachvollzogen werden können. Die Wahrnehmungsfähigkeit der Geisterbeschwörer ist aufgrund der Angst, der Erwartungshaltung, der Spannung so extrem beeinträchtigt, dass z.B. nebensächliche Geräusche von außerhalb des Raumes eine völlig andere Bedeutung erhalten können. Fehlzündungen von vorbeifahrenden Autos, herabfallende Gegenstände im Nebenraum usw. werden magisch mit dem angeblichen Geist verbunden und gelten dann als übernatürliches Zeichen. Die in den Beispielen mehrfach erwähnte Angst ist mit Händen greifbar und führt dazu, dass auch kritische Men-

schen emotional durchaus sehr beeindruckt werden können.

- Verängstigte Gläserrücker sind (zumindest unter dem Eindruck des Erlebnisses) durch rationale Erklärungen kaum mehr erreichbar, weil sie auf der Gefühlsebene betroffen sind. Es ist deshalb auch meist unmöglich, eine sie auf dieser Ebene überzeugende Antwort zu geben, z.B. auf die oft gestellte Frage: »Wie aber erklären Sie die Sache, die neulich bei unserer Sitzung passiert ist ... , als gleichzeitig ein Bild von der Wand fiel und zersprang, als genau im Augenblick des Erscheinens des Geistes der Klodeckel herunterklappte, als ...?« Außenstehende sehen die geschilderten Vorgänge bei Tageslicht völlig anders als diejenigen, die bei Dunkelheit, Kerzenlicht, mit von Räucherstäbchen geschwängerter Luft erwartungsvoll ein magisches Ritual durchführen, das »unter die Haut geht«.

  Es handelt sich immer um Vorgänge, die tief in die Emotionen eingreifen (was in allen o.a. Fällen deutlich wird). Deshalb kann man oft auch nur helfen, wenn man ebenfalls auf dieser Ebene handelt – auch wenn es einem selbst zutiefst widerstrebt! So mag es durchaus (als Ersthilfe) erfolgreich sein, mit einem möglichst beeindruckenden, pseudomagischen Ritual einen »Fluch zu bannen«, um damit überhaupt erst die Grundlage für anschließende Gespräche zu legen.
- Gerade beim Gläserrücken wird oftmals »auf Teufel komm raus« (hier wörtlich genommen) getrickst und betrogen! Wie hoch – auch bei den eingangs angeführten Fällen – der Prozentsatz ist, bei dem absichtlich jemand das Glas schiebt, um anderen Angst einzujagen, kann nicht einmal im Ansatz geschätzt werden. Nach meiner Erfahrung ist dies auf jeden Fall in mehr als der Hälfte der Fälle so – bei Jugendlichen

wie bei Erwachsenen. Leider ist es bei dieser Praktik extrem einfach, aufgrund der geringen Reibungskräfte das Glas bewusst so zu schieben, dass eine bestimmte Antwort buchstabiert wird. Dass dies aufgedeckt wird, hat derjenige nicht zu befürchten, der eine ganze Gruppe zur Hysterie treiben will. Vor allem bei Jugendlichen muss man immer wieder betonen, dass es leider etliche Menschen gibt, denen es Befriedigung bereitet, andere zu Tode zu ängstigen. Beim Fallbeispiel 5 darf man wohl annehmen, dass aus diesem Grund auch jemand die Schere unbemerkt gesucht, gefunden und dann »dekorativ« vor das Zelt gelegt hat.

- In den Fällen, in denen glaubhaft versichert wird, dass nicht absichtlich geschoben wurde, kommt wie beim Pendeln das Unbewusste ins Spiel. Oft wird geschildert, dass das Glas anfänglich relativ unsicher von einem Buchstaben zum anderen rutschte. Je deutlicher sich aber ein sinnvolles Wort herauskristallisierte, desto schneller und zielgerichteter erfolgte dann die Bewegung. Derjenige, der die Antwort – auch unbewusst! – kennt, schiebt dabei das Glas stärker als die anderen, ohne dass er selbst es merkt.
- Natürlich kann man (wieder einmal) nicht beweisen, dass *kein* Geist das Glas schiebt. Man kann auch nicht beweisen, dass es den Pumuckl *nicht* gibt! Wenn jemand derartiges behauptet, ist er beweispflichtig. Und auch hier gilt: Je außergewöhnlicher die Behauptung ist, desto außergewöhnlicher muss auch der Beweis sein! Da von Teilnehmern einer spiritistischen Séance eigentlich immer zugestanden wird, dass Geister durch Wände usw. hindurch sehen können (wohl eine der leichtesten Übungen für Geister!), müsste es doch auch funktionieren, wenn man die Buchstaben auf undurchsichtige Kärtchen schreibt, diese dann umdreht (Schrift nach unten),

wirklich durcheinandermischt und verdeckt wieder im Kreis auslegt. Ein Geist müsste dann – im Gegensatz zu den Teilnehmern – trotzdem (von unten durch den Tisch schauend?) eine sinnvolle Antwort zustande bringen. Die umgedrehten Karten werden auf der Rückseite mit Zahlen markiert, damit mitgeschrieben und später die Botschaft entschlüsselt werden kann. Bislang jedenfalls kam bei solchen Versuchen immer ein Chaos an unverständlichen Buchstabenkombinationen heraus, was eigentlich eindeutig beweist, dass die Teilnehmer selbst es sind, die die Antworten produzieren.
Ebenso entlarvend ist es, dass das Glas sich nicht bewegt, wenn man den Glasboden, auf dem die Finger liegen, mit Spülmittel einreibt. Wenn derjenige, der das Rutschen des Glases verursacht, ein Geist sein soll, müsste es doch trotzdem funktionieren.

- Auch hier ist der bereits beim Pendeln erwähnte Mechanismus zu beobachten, dass häufiger negative, erschreckende als positive, aufbauende »Antworten aus dem Jenseits« eintreffen, weil unbewusste Ängste stärker zu entsprechenden Bewegungen führen als positive Hoffnungen. Jeder (Erwachsene oder Jugendliche) muss sich also schon vorab mit dem Gedanken befassen, wie er es wohl verkraften wird, wenn etwa sein erfragtes Todesdatum für die nächste Zeit vorhergesagt wird. Die Aussage: »Die Geister, die sie riefen, werden sie nicht mehr los« hat also auch hier ihre Berechtigung, nur nicht im Sinne von »jenseitigen Wesen«, sondern im Hinblick auf psychische Prozesse, denen wir alle unterliegen. (Stichwort: »Selbsterfüllende Prophezeiung«)
- Wie im Fallbeispiel 1 zum Schluss erwähnt wird, kommen immer wieder auch Buchstabenkombinationen zustande, die – zunächst einmal – keinen Sinn

ergeben. Dann setzt die zweite »magische Kunst« ein, die der Interpretation durch einen »Eingeweihten«. Oft wird eine Gruppe von einer Person beherrscht, von der man annimmt, dass sie bestimmte magische Fähigkeiten besitzen würde, und die deshalb die Deutung unverständlicher »Antworten« vornehmen könne. Das verschafft hohes Ansehen, stärkt enorm das Selbstbewusstsein und rückt auch den unscheinbarsten Jüngling (der sonst in der Gruppe eher ein Außenseiterdasein führt) in den Mittelpunkt. »Der Peter kann Geister rufen« führt zu ängstlicher Bewunderung und bestärkt damit wiederum denjenigen, der sich mit okkulten Praktiken befasst. Diese beherrschende Stellung wird zu weiteren Manipulationen verleiten, so dass ein oft nur schwer zu durchbrechender Zirkel entsteht. Angehörige stehen den Geängstigten dann meist hilflos gegenüber, weil sie die ablaufenden Prozesse nicht durchschauen können und unter den Teilnehmern einer Sitzung Schweigepflicht gegenüber Außenstehenden besteht.

- Auch beim Gläserrücken ist das beim Kapitel »Wahrsagen« erwähnte psychologische Phänomen der »Verifikation« zu beobachten: Die oft vagen, nichtssagenden oder vieldeutigen »Botschaften aus dem Jenseits« werden so lange gedeutet, bis sie tatsächlich auf das eigene Leben zuzutreffen scheinen. Wenn man nur lange genug sucht, findet man immer scheinbare Treffer. Der im Fallbeispiel 2 erwähnte »See« kann in Wirklichkeit auch ein »Teich« sein oder ein »Weiher«, sogar nur ein »Tümpel« oder ein »Bach«. Auch »David« selbst ist wenig aussagekräftig (der Nachname fehlt ja) und ist dem Mädchen nur »bekannt«. Aus den vier Angaben («16, David, böse, See«) wird eine »Vorhersage« zusammengesetzt, bei der die Angst kreativ die Führung übernimmt.

- Gebrauchsanleitungen dieser sehr einfach durchzuführenden spiritistischen Praktik kursieren sogar unter Grundschülern (Fall 4). Dass Kinder mit derart einschüchternden, auch für Erwachsene oft nicht durchschaubaren, psychischen Prozessen nicht umgehen können und allein aus Informationsdefiziten die »magische Schiene« fahren, erscheint offensichtlich.
- Immer wieder hört man auch Erzählungen, nach denen sich das Glas auch dann bewegt haben soll, wenn niemand den Finger daraufgelegt hatte. («Wie erklären Sie denn das?«) Bislang jedenfalls war es allerdings immer so, dass – wie sich herausstellte – dieser Vorgang nicht aus eigener Erfahrung beobachtet wurde, man aber jemanden kennt, dessen Onkel jemanden kennt, der ...
  Im übrigen wären dies genau die Fälle, auf die der kanadische Zauberkünstler und Scharlatanentlarver James Randi schon jahrelang wartet, um seine inzwischen auf eine Million Dollar angewachsene Belohnung für eine Geistgeschichte unter kontrollierten Bedingungen auszuzahlen. Bis zum heutigen Tage vergeblich!

Die genannten Punkte gelten in gleicher Weise für die Methode, Geister mit Hilfe einer Planchette, eines »schreibenden Tischchens«, zu beschwören. Dabei wird ein im Esoterik- und Okkulthandel käuflich zu erwerbendes, meist dreibeiniges Tischchen verwendet. Ein Bein des Gerätes ist durch einen Bleistift ersetzt worden. Legt man – als Einzelperson oder wieder in der Gruppe – die Hand bzw. die Finger auf die Platte des Tischchens, beginnt es auf dem untergelegten Papier zu schreiben. Auch hier wird ein jenseitiger Geist als Ursache der Bewegungen angenommen.

5. Geister und moderne Technik: »Instrumentelle Transkommunikation«

5.1 Fallbeispiele

»Seit einiger Zeit beschäftige ich mich mit dem Übersinnlichen. Ich habe sogar mit einigen Freunden schon Gläserrücken und Pendeln ausprobiert. Es ist aber keine Reaktion gekommen. Wir haben auch noch andere Sachen ausprobiert. Das Ergebnis war, dass ich in der Nacht öfters Alpträume bekam und immer wieder schweißgebadet aufwachte. Drum rate ich jedem, die Finger davon zu lassen. Jetzt habe ich aber noch eine Frage und hoffe, dass Ihr mir helfen könnt. Vor kurzem habe ich in einer Zeitschrift gelesen, dass man auf dem Fernsehbild nach Sendeschluss Tote sehen und mit ihnen Kontakt aufnehmen kann. Stimmt das? Was meint Ihr dazu?« (Peter, 14 Jahre, in: BRAVO 22/1989)

»... Warum sollte ich nicht auch einmal mit Transkommunikation herumexperimentieren? Ich zögerte noch eine Weile, doch da ich nichts anderes zu tun hatte, wagte ich tatsächlich eines Abends aus reiner Neugierde den Versuch. Im Grunde glaubte ich nicht einmal daran, dass mir das Experiment gelingen würde. Aus reinem Jux legte ich eine Kassette in den Rekorder und fragte laut: ›Großvater! Hörst du mich?‹ Ich lachte. Keine Antwort. ›Siehst du‹, sagte ich innerlich zu mir, ›es war ja von vornherein klar, dass das Experiment scheitern würde.‹ Dennoch startete ich einen zweiten Versuch und bat: ›Großvater! Sing mir bitte etwas vor.‹ Es war nichts zu hören. Gerade wollte ich mich über meine eigenen Spinnereien lustig machen, als ich plötzlich stutzte. Leise, ganz leise, kaum hörbar, drang es an mein Ohr: ›Hoch auf dem gelben Wagen...‹ Erschrocken griff ich mir an den Kopf. ›Das ist eine Halluzination‹, murmelte ich zutiefst erschüttert, und sofort drang es monoton und abgehackt an mein Ohr: ›Nein – das – ist – kei – ne – Hal – lu – zi – na – tion.‹ Nun stand es fest: Mir war der große Durchbruch gelungen. Ich konnte mich mit den Wesen in der anderen Dimension verständigen...« (Leserzuschrift an »esotera« 11/1995)

»Computer sind für gewöhnlich abhängig vom elektrischen Strom und der Bedienung durch den Menschen. Nicht so der Amstrad PC 1512 eines Architekturbüros im englischen Stockport. Das Gerät fiel erstmals nach Feierabend einer Putzfrau auf, als plötzlich der Bildschirm des Computers zu leuchten begann. Die Frau nahm zunächst an, jemand habe vergessen, das Gerät abzuschalten. Doch als sie nachsah, fand sie, dass der Stecker herausgezogen war. Dann erschienen auf dem Bildschirm wirre Botschaften und Bilder. Von Zeit zu Zeit produzierte er Geräusche, die wie menschliches Stöhnen klangen ...« («Das Neue Zeitalter«, Heft 24/1989)

5.2 Kritische Anmerkungen

Diese Beispiele zeigen deutlich, dass okkulte Praktiken sich der jeweiligen Zeit und ihren Möglichkeiten anpassen. Auslöser für die technikgesteuerte Geisterbeschwörung war ein Tonband, mit dem der schwedische Dokumentarfilmproduzent Friedrich Jürgenson 1959 in seinem Garten Aufnahmen machte. Eigentlich hatte er Vogelstimmen aufnehmen wollen, doch hörte er später beim Abspielen daneben noch Stimmen, die er als die von verstorbenen Verwandten interpretierte.
Dies war in der parapsychologischen Szene eine Sensation. Endlich, so hoffte man, würde man den objektiven

Anzeige

Suchen Sie die Wurzeln!

Die heilige
Hildegard von Bingen
bildet (wieder) aus!

Nach 900 Jahren gibt es jetzt wieder echte SchülerInnen dieser herausragenden mittelalterlichen Mystikerin!
Unseren TKEs (TransKommunikationsExperten) ist es gelungen, eine "Standleitung" zur Hl. Hildegard v. Bingen aufzubauen.
Dazu wurde mit großem finanziellem Aufwand in unserem Institut ihre frühere Klosterzelle bzw. ihr persönliches Kräutergärtchen wiederaufgebaut, unter Verwendung von (notariell zertifizierten) originalen Steinen bzw. genetisch reinen pflanzlichen Nachkommen.

Die individuell gestaltete Ausbildung an diesen mystischen Kraftorten erfolgt über unser spezialisiertes Medium, aus dessen Mund die Hl. Hildegard in meist direkt verständlichem Hochdeutsch spricht.

GRUNDAUSBILDUNG (3 Monate) mit beurkundeter Abschlussprüfung und Zertifikat "Dipl. Hildegardist(in)": 12675.- DM
ERWEITERUNG (weitere 2 Monate) mit Zertifikat "Meistergrad HHH" (Holistische(r) Holy Hildegardist(in)): 18783.- DM

Institut für holistische Transformationsmetaphysik
zertifizierter Dipl. - Inspirationsmoderator und magischer Energetiker Wolfgang Dog

Beweis für die Kontaktaufnahme mit einer jenseitigen Welt in den Händen halten.
Seither ist dieser Bereich stark gewachsen und es werden neben Tonbandgeräten auch Videorecorder, Computer oder selbstkonstruierte Geräte verwendet, um Nachrichten von Verstorbenen festzuhalten. Überall in Deutschland und im Ausland gibt es Ortsgruppen des »Vereins der Tonbandstimmenfreunde« oder andere Gruppen, die sich in regelmäßigen Abständen treffen, um sich gegenseitig die neuesten Einspielungen zu präsentieren. Oft wird sogar der Bauplan für angeblich besonders effektive, spiritistische Apparaturen (zur Aufnahme und zum Abhören der Stimmen), die von Geisteringenieuren aus dem Jenseits stammen, durchgegeben.
Auch ohne die paranormale Annahme, dass Geister über technische Medien der verschiedensten Arten zu uns sprechen, reichten in allen mir bekannten Fällen (und das sind im Laufe von Jahrzehnten viele geworden) folgende Punkte zur Erklärung aus:

1. Wie so oft ist vor allem auf diesem Gebiet die wahre Kunst die der Interpretation! Auf den im Esoterikhandel erhältlichen Tonbandkassetten mit »Beispielen paranormaler Tonbandstimmen« wird denn auch bezeichnenderweise *vor* dem mehrfach hintereinander abgespielten Beispiel von einem Kommentator erklärt, was man gleich hören wird. Zusätzlich gibt es schriftliches Begleitmaterial, auf dem nochmals die genauen Texte enthalten sind. Hört man nun die entsprechenden Bandstellen mehrmals ab, dann dauert es nicht lange, bis man die angebliche Nachricht tatsächlich zu hören glaubt. Die am Beginn stehende Fremdsuggestion wird erstaunlich schnell durch Selbstsuggestion abgelöst, von der man sich nur schwer lösen kann. Wie auch in

vielen anderen Bereichen ist dabei letztlich die eigene Einstellung, die momentane Befindlichkeit ausschlaggebend. Man hört das, was man hören will, und man glaubt das, was man glauben will.

2. Zur Immunisierung gegenüber kritischen Nachfragen (die auch »nur« aus dem »gesunden Menschenverstand« kommen können) wird gerade in dieser Szene immer wieder lautstark und vehement betont, dass man sich erst geraume Zeit mit dem Phänomen intensiv befassen müsse, man eine entsprechende Sensibilität für die »feinstofflichen Wesenheiten« aufzubauen habe, bevor man überhaupt mitreden könne. Da ist die bereits aus Urzeiten bekannte Methode der Schamanen, Skepsis als Unwissenheit oder als Nichtinitiiertsein zu diffamieren. Es sind Schutzmauern, die hier besonders notwendig erscheinen, weil jeder unvoreingenommene Hörer in den meisten Fällen zunächst überhaupt nichts oder zumindest keine sinnvollen Sätze hören wird. Man benötigt erst eine »erfahrene« Person, die einen an die Hand nimmt und in die spiritistische Welt einführt.
Auch die inhaltliche Seite bedarf der Interpretation durch einen Kundigen, da – wie oben bereits angeführt – vorwiegend Belangloses oder nicht Einordnungsfähiges als Nachricht gesendet wird. Die eingangs in diesem Kapitel geforderten handfesten Beweise in Form von wirklich sensationellen, weil unbekannten Botschaften fehlen bis heute.

3. Optische Täuschungen sind den meisten von uns aus der Schulzeit vertraut. Dass es viele derartige Phänomene auch im akustischen Bereich gibt, ist weniger bekannt. Viele Tonbandstimmenforscher verlangen, wenn mit dem Jenseits Kontakt aufgenommen werden

soll, bei der Aufnahme über das Mikrofon ein Hintergrundgeräusch (z.B. einen Rauschgenerator, einen tropfenden Wasserhahn, einen undeutlichen Radiosender ...). Genau damit wird die Grundlage für eine Sinnestäuschung gelegt, wobei die Täuschung nicht im Sinnesorgan Ohr erfolgt, sondern bei der Verarbeitung des Gehörten im Gehirn. Aus einem gleichförmigen Rauschen bildet sich scheinbar schnell ein Wort oder auch ein Satzfetzen heraus. Man kann dies zum Beispiel dann nachvollziehen, wenn man einige Zeit neben einem rauschenden Wasserfall steht oder wenn man auf einem orientalischen Markt mit seinem vielfältigen Stimmen- und Geräusch-Wirrwarr spazierengeht. Plötzlich glaubt man eindeutig deutsche Worte zu hören, obwohl weit und breit kein Deutscher anwesend ist. Auch hier setzt ein allgemein auf alle Sinne übertragbarer Vorgang ein, dem sich niemand entziehen kann: dass unser Gehirn bei jeder aufgenommenen Information versucht, »Sinnvolles« zu rekonstruieren; dabei bearbeitet es unter Rückgriff auf schon früher gespeicherte Informationen unvollständige, noch sinnlose Informationen (hier: Rauschen) in kreativer Weise in eine für uns insgesamt sinnvolle Wahrnehmung um.

Immer wieder können wir im Alltag auch erleben, dass man etwas zu hören glaubt, was gar nicht existiert. Vor allem bei herabgesetzter Bewusstseinsschwelle (Halbschlaf, leichte Trancezustände wie bei allen okkulten Praktiken) sind derartige Täuschungen unglaublich stark. Zweimal ist es mir passiert (und bleibt als Schlüsselerlebnis haften), dass ich in einem Hotelzimmer nachts in halbwachem Zustand aufschreckte, weil ich felsenfest überzeugt war, dass das Telefon auf dem Nachtkästchen laut und durchdringend läutete. Nur – es gab überhaupt keinen Telefonapparat! Diese Wahrnehmungstäuschungen wirken völlig realistisch und können nicht immer verifiziert bzw. falsifiziert werden. In diesen beiden Fällen war es möglich. Auch heute noch bin ich davon überzeugt, dass es sich nicht um einen Traum im üblichen Sinne handelte. Die absolute Klarheit dieser Sinnestäuschungen beeindruckt und macht sensibel für andere Situationen, in denen man auch »die Hand ins Feuer legen« würde, weil man so sicher ist, etwas gesehen oder gehört zu haben, was andere Menschen dagegen bezweifeln.

4. Bei allen Methoden der Instrumentellen Transkommunikation wird von technischen Mängeln auszugehen sein. So gibt es z.B. keine völlig gelöschten Tonbandkassetten, denn auch auf fabrikneuen, originalverpackten Magnetbändern ist bereits ein Grundrauschen enthalten.
Der gesamte Äther ist voll von Rundfunkwellen, die »normalerweise« nicht hörbar sind, von schlecht abgeschirmten Geräten aber aufgefangen werden. Typischerweise werden oft und gerne derartige Apparate für spiritistische Zwecke verwendet. Bruchstücke aus Rundfunksendungen, vom Polizei-, Amateur-, Taxi- oder Flugüberwachungsfunk ergeben Satzfetzen, die bei »richtiger« Interpretation den überraschten Laien durchaus beeindrucken können. Außerdem muss ein Radio durchaus nicht immer wie ein Radio aussehen: Es gibt immer wieder Geräte, die eigentlich für einen anderen Zweck gebaut wurden und trotzdem Musik machen: »singende Ofenrohre« z. B. oder »musizierende Herde«. Wenn bestimmte technische Bausteine vorhanden sind, kann damit in der Nähe eines starken Rundfunksenders durchaus ein verblüffender Effekt erzielt werden.
Auch die im ersten Fallbeispiel angefragten »Geisterbilder«, die im Fernsehen nach Sendeschluss (gibt es

den überhaupt noch?) erscheinen sollen, können sowohl technisch (Überreichweiten) als auch psychologisch erklärt werden. Sogar die BRAVO-Redaktion antwortete ihrem Leser Peter: »Angeblich ist es möglich, nach Sendeschluss auf dem Fernsehbild oder auch über ein Videogerät, das ohne Programm leer durchläuft, Kontakt zu Verstorbenen zu bekommen. Das heißt, dass anstelle des ›TV-Schnees‹ die Gestalt eines Verstorbenen erscheint. Aber stell dir mal vor, du denkst ganz intensiv an deine verstorbene Urgroßmutter und stellst sie dir dabei bildlich vor. Dann ist es doch kein Wunder, wenn die vielen Flimmerpünktchen auf dem Bildschirm mit einem Schuss Phantasie Formen annehmen, die deiner Urgroßmutter immer ähnlicher werden. Kurz: Das ›Schneebild‹ von deiner Uroma auf dem Schirm und auch ihre Stimme, die du aus dem Rauschen herauszuhören glaubst, ist viel eher ein Produkt deiner Phantasie als ein Signal aus dem Jenseits« (BRAVO 22/1989). Angesichts der sonst Okkultismus und magische Praktiken oft eindeutig hochjubelnden Artikel dieser Jugendzeitschrift eine einmal erfreuliche Antwort der Redaktion.

5. Selbstverständlich ist auch hier eine bewusste Manipulation des »Forschers« oder ein Betrug durch das »Medium« nicht auszuschließen. Wie schon erwähnt, ist die Versuchung sehr groß, zugunsten des eigenen Weltbildes oder zum Vorteil der eigenen Person zu betrügen. Dabei müssen nicht immer materielle Interessen im Vordergrund stehen. Ich kenne mehrere Beispiele, in denen »Medien« vor allem das eigene Ansehen in einer Gruppe im Auge hatten; das ging bis hin zum Gurutum. Dass dies – zumindest am Anfang – nicht immer auf der bewussten Ebene geschah, sei zugestanden.

Auch unbewusst geflüsterte Worte des Experimentierenden, der vor dem Mikrofon des verwendeten Tonbandgerätes sitzt, können einen Einfluss auf die angeblich übernatürliche Nachricht haben. Mit empfindlichen Richtmikrofonen und Kameras wurde dies eindeutig belegt, auch wenn es entrüstet abgestritten wird.

6. Mit den Toten sprechen – Channeling

6.1 Fallbeispiele

»Eigentlich wollte die Schriftstellerin an jenem Septemberabend im Jahre 1963 nur eine Weile an ihren Gedichten arbeiten. Was dann folgte, war jedoch eine Offenbarung von intuitiven Einsichten, die einen wahren Schreibrausch auslösten. Und darauf folgte wiederum – zunächst mittels eines Oui-Ja-Brettes – eine Expedition auf eigene Faust in das Gebiet des Mediumismus und der außersinnlichen Wahrnehmung (ASW), die sehr schnell in der Begegnung mit einem ›Energiepersönlichkeitskern‹ gipfelte. Einer Wesenheit, die laut eigener Aussage ›nicht mehr in der physischen Realität zentriert‹ war: Seth. Fortan überkamen Jane Roberts, wenn sie in Trance fiel, regelmäßig immer wieder dessen tiefe männliche Stimme und eine charakteristisch veränderte Gestik und Mimik, und sie diktierte stundenlange, rhetorisch und inhaltlich brillante Abhandlungen zu philosophischen und spirituellen Themen, die ihr Mann, der Maler Robert Butts, so gut wie möglich niederschrieb: Das Channeling war geboren – zumindest dem Mode-Namen nach ...« (»esotera«, Heft 7/1999)

»Ein britisches Medium behauptet, in Verbindung mit dem ›jenseitigen‹ Geist von Grace Kelly zu stehen, der 1982 verunglückten Fürstin Gracia Patricia von Monaco. Sie teile sich per ›automatischer Schrift‹ mit, versichert der 36jährige Del Stephen Watts aus Hastings, Grafschaft Sussex. ›Ich spüre, wie eine unsichtbare Kraft meine Hand zu führen beginnt. Sie bringt Botschaften zu Papier, in einer Handschrift, die meiner eigenen nicht im geringsten ähnelt.‹ Auf diese Weise ›gestand‹ Gracia, sie habe ›Fürst Rainier einmal betrogen, als wir bereits verheiratet waren‹ – was sie heute ›zutiefst‹ bedauert ...« («esotera« 10/1993)

»Jenseitsbeweis im Fernsehen: Als publikumswirksamen Beweis für die Existenz des ›Jenseits‹ feiern die englischen Spiritualisten eine Demonstration zweier bekannter Medien vor laufenden Kameras in der wöchentlichen Fernsehsendung von Sir David Frost. Während die sensitive Künstlerin Coral Polge das medial empfangene Gesicht einer – offenbar verstorbenen – Person skizzierte, versuchte der hellhörende Bill Landis Kontakt zu dem Geist der betreffenden Person aufzunehmen und schilderte dem Studiopublikum die dabei empfangenen Details. Die beiden derart beschriebenen Personen wurden von anwesenden Zuschauern als verstorbene Verwandte bzw. Bekannte identifiziert. Polge und Landis hätten gezeigt, so die Wertung des spiritualistischen Wochenblattes ›Psychic News‹, dass sie mit ihrer medialen Begabung beweisen könnten, dass ›wir alle weiterleben nach dem Übergang, den wir Tod nennen.‹« (»esotera« 5/1997)

»Ich traf die Frau, die mit den Toten spricht: ... Ich traf sie in Hamburg. ... Plötzlich strahlt sie mich an: ›Neben Ihnen sitzt eine Frau, sie sagt, dass Ihnen die kurzen

Haare stehen. Als Sie sie zum letzten Mal hier (sie meint: unter uns Lebenden) sah, trugen Sie noch langes Haar. Ich soll Ihnen ausrichten, dass der Magen inzwischen in Ordnung ist, und schlucken kann sie auch wieder.‹ Meine Mutter starb an Magenkrebs, konnte in ihren letzten Tagen nicht einmal trinken und mein Haar war damals lang. Was hat sie an, will ich wissen. Rosemary lacht: ›Die Frau lacht und sagt, dass sie das immer gefragt hatten, als Sie weit weg von zuhause waren und mit ihr nur telefonieren konnten.‹ Ich frage immer noch Menschen, mit denen ich telefoniere, was sie anhaben ...« (Reporterin von BILD im Interview mit einem Star der Channeling-Medien, Rosemary Altea, 28. 11. 1996)

»98 Prozent der Toten hören mich:
HÖRZU: Frau Dr. Taschner, Sie haben 20 Jahre lang als Ärztin praktiziert. Dann entdeckten Sie Ihren Draht zum Jenseits und warfen Ihre Karriere über Bord – warum?
Dr. Taschner: Weil ich mit meinen medialen Fähigkeiten mehr bewirke, statt nur Rezepte auszustellen.
HZ: Und das wäre?
Dr. T.: Patienten von Schuldgefühlen befreien, weil sie z.B. einen Streit nicht vor dem Tod des Verstorbenen beigelegt haben.
HZ: Und Sie vermitteln den Kontakt?
Dr. T.: Richtig. In Halbtrance rufe ich den Toten – und zu 98 Prozent zeigt er sich dann vor meinem inneren Auge.
HZ: Woher wissen Sie, dass er wirklich der Gesuchte ist?
Dr. T.: Ich erkenne ihn an seinen spezifischen Merkmalen, die ich meinem Patienten beschreibe – wie z.B. der Brillenform oder der Frisur des Geistes.

HZ: Was berichten die Geister denn aus dem Jenseits – ist dort alles anders?
Dr. T.: Im Gegenteil, es ist dort sogar sehr ähnlich. Die meisten wohnen auch dort in Häusern und gehen einer Arbeit nach.
HZ: Heißt das, ein diesseitiger Klempner muss auch noch im Jenseits weiter Rohre flicken?
Dr. T.: Genau, ich weiß z.B. von einem Architekten, der drüben an der Leichtbauweise von Häusern arbeitet. Die Ergebnisse übermittelt er ins Diesseits.
HZ: Und wie funktioniert das?
Dr. T.: Irgendein Architekturstudent wird eines Tages einen ›Geistesblitz‹ haben ...« (in: HÖRZU, 26. 4. 1996)

»Ein 35 000 Jahre alter Geist namens ›Ramtha‹ ist Gegenstand eines Rechtsstreits vor dem Landesgericht Linz in Oberösterreich. Eine Amerikanerin, die angeblich seit Jahren mit dem überirdischen Wesen in Kontakt steht, verlangt den urheberrechtlichen Schutz ihrer Geisterfahrungen, die sie weltweit in Büchern und auf Videokassetten vermarktet. Sie verklagt eine Gruppe von österreichischen und deutschen ›Ramtha‹-Jüngern, die angeben, ebenfalls mit diesem Geist zu kommunizieren, auf Unterlassung ihrer Behauptungen ...« (Kölner Stadt-Anzeiger, 16. 6. 1994)

6.2 Kritische Anmerkungen

Wie ich mehrmals miterleben musste, sind viele Menschen verstört und zutiefst verunsichert, wenn sie zum ersten Mal eines der oben beschriebenen »Trance-Medien« erleben. Dabei macht es kaum einen Unterschied zwischen einer persönlichen Begegnung und einer via Fernsehen. Dies ist wohl auf die nicht der Alltagserfahrung entsprechende Situation zurückzuführen:

»Steht die Frau wirklich im Kontakt mit meinem Großvater, bildet sie sich das nur ein oder täuscht sie das eventuell absichtlich vor?« Erschwerend in Bezug auf die Einschätzung dieser Channelmedien kommt hinzu, dass es sich meist nicht etwa um besonders auffällige Persönlichkeiten handelt (wie man sich das eigentlich vorstellt im Hinblick auf Menschen, die mit Geistern verkehren), sondern um anscheinend vertrauenswürdige, sich »normal« gebende Menschen. Sie üben oft »seriöse« Berufe aus und erzählen mit großer Selbstsicherheit und Überzeugungskraft Dinge, die man nur als in höchstem Maße außergewöhnlich bezeichnen kann. Das erzeugt Unsicherheit. »Spinnt jetzt die oder ich?« fragte mich nach einer Fernsehsendung mit dem Medium Rosemary Altea, zu der ich als kritischer Experte geladen war, verstört ein Zuschauer aus dem Studiopublikum.
Seit Anfang der 80er Jahre erscheinen ganze Buchreihen, die durch Diktat aus dem Jenseits entstanden sein sollen. Allgemein bekannt dürfte z.B. das Buch »Die Möwe Jonathan« sein, das seinem Autor Richard Bach angeblich von einem Geist diktiert wurde, der ihm in Gestalt eines Vogels erschien. Neue Musikstücke verstorbener Komponisten (Bach, John Lennon, Beethoven, Chopin u.a.), neue Bilder von bekannten Malern (Picasso, Beardsley, Monet, Leonardo da Vinci u.a.) oder neue lyrische Texte von berühmten Dichtern erweitern deren bislang bekanntes Werk. Vor allem englische Medien sind in diesem Bereich tätig und werden bei »PSI-Kongressen« und in Fernsehsendungen zu Stars. Meist wird in einer Art Trance der Geist einer berühmten Persönlichkeit als Ratgeber gechannelt. Andere verstorbene Prominente (so z.B. Prinzessin Diana) melden sich umgehend aus dem Jenseits, um etwa die näheren Umstände ihres Todes o.ä. klarzustellen. Auch

Außerirdische sollen sich menschlicher »Kanäle« bedienen, um ihre Botschaften zu übermitteln, wie zahlreiche Beispiele aus der UFO-Szene zeigen.
Irdisch wird es wieder, wenn es, wie im oben angeführten Fallbeispiel, zu Urheberrechtsstreitigkeiten kommt. Eine Frage lautet dann z.B.: Haben Erben von Verstorbenen, die eindeutig als »Urheber« derartiger Publikationen angegeben werden, Anspruch auf Tantiemen? Wenn ja, wer gibt auf welche Weise die Zustimmung dazu? Die angerufenen Richter sind in Bezug auf diese Entscheidung nicht zu beneiden ...
Selbst wenn man geneigt ist, derartige Beispiele mit einem Augenzwinkern zu kommentieren, so wird doch, wenn man den paranormalen Medien persönlich begegnet, sie bei ihrem Umgang mit den hilfesuchenden Kunden beobachtet, schnell deutlich, dass hier ernsthafte Probleme entstehen können. Nach meinem Eindruck ist die größte Fähigkeit der öffentlich auftretenden Channelmedien die, ein gutes Gespür für eine vor ihnen sitzende Menschengruppe zu haben, blitzschnell intuitiv (oder bewusst) Teilnehmer auszusuchen, die hoch beeinflussbar sind, und diese innerhalb von Sekunden zum Weinen zu bringen. Wer dies aus nächster Nähe verfolgt, wird den emotionalen Schock derjenigen nachempfinden können, denen gesagt wird, dass neben ihnen ein unsichtbarer Geist steht, der zärtlich seine Hand auf die Schulter legt, ihnen liebkosend oder tröstend über das Haar streichelt usw. Mehrmals konnte man in den 90er Jahren im Fernsehen bei derartigen Veranstaltungen miterleben, wie Menschen psychisch zusammenbrachen. Aus der Distanz betrachtet ist die emotionale Dichte des Geschehens allerdings gar nicht mehr spürbar.
Stephan Teplan schilderte in »tele-welt« (8/1997) einen Fall, der eigentlich erheblich mehr Aufsehen hätte er-

regen sollen, als es tatsächlich geschah: »Tränen fließen des öfteren im Fernsehen, seit die Sender Betroffenheits-Shows wie ›Schreinemakers‹ oder ›Verzeih mir‹ als Quotenbringer entdeckt haben. Selten allerdings ist die kühl-kalkulierte TV-Vermarktung von Gefühlen so zynisch zelebriert worden wie in der ersten Sendung der Reihe ›Mysteries‹ am Ostermontag bei RTL. Ein ›Medium‹ fischte live im D(T)rüben und trat angeblich mit den Geistern verstorbener Angehöriger von drei Studiogästen in Kontakt. Detaillierte Angaben über die näheren Todesumstände der aus dem Jenseits ›Herbeigerufenen‹ sollten seine Behauptungen beweisen. Der dritten Mitwirkenden an diesem makabren Spiel wurde es zu detailliert: Überwältigt von Erinnerungen brach sie in einen Weinkrampf aus. Da half auch der Pseudo-Trost von Moderator Jörg Draeger nichts mehr. Merkwürdig erscheint indes, was ein Beobachter bei der Produktion der ungesendeten Pilot-Folge von ›Mysteries‹ gegenüber ›tele-welt‹ berichtet: Bei den Testaufnahmen im Dezember habe besagtes ›Medium‹ exakt die gleiche Show abgezogen. Und auch damals habe erst die dritte und letzte Mitwirkende zu weinen angefangen – nur, dass es sich um drei völlig andere Personen als in der ausgestrahlten Sendung gehandelt habe. Ein Schuft, der Böses (will heißen: Abgekartetes) dabei denkt?«

Krista Federspiel und Ingeborg Lackinger-Karger schreiben in ihrem »Kursbuch Seele« unter dem Stichwort »Channeling« zusammenfassend (Seite 522): »Kritik: Bis heute fehlt ein Nachweis, dass Kontakte zum Jenseits möglich sind. Wann immer Medien überprüft wurden, stellte sich heraus, dass es sich bei den angeblichen Botschaften um Irreführung handelte. Die BeraterInnen sind durchwegs psychologisch geschickt und erzählen, was ihre KundInnen zu hören wünschen.

Channeling kann Ratsuchende stark beeindrucken, in Krisenzeiten kann es abhängig machen. Für seelisch labile Menschen kann es deshalb sehr gefährlich werden. Die vermeintliche Kontaktaufnahme mit Geistern und jenseitigen Mächten kann zur Desorientierung führen und zum Abgleiten in ein psychotisches Wahnsystem. Für psychotherapeutische Zwecke eignet sich Channeling nicht.«

Der bereits früher erwähnte Zauberkünstler James Randi ertappte zum Beispiel 1985 eines der zahlreichen Medien, die behaupteten, in direkter Verbindung zu Jesus Christus zu stehen. Reverend Peter Popoff, dessen Anhängerschaft ganze Stadien füllte, erhielt seine »Durchsagen« unter anderem ganz irdisch über 39,170 Megahertz von seiner Frau Elizabeth. Diese saß in einem Container vor dem Veranstaltungsort und gab ihm in seinen fast unsichtbaren Kopfhörer Namen und persönliche Angaben (z.B. Wohnort und Krankheiten) von Zuschauern per Funk durch: »Reihe A – 1, Tisch Nummer 5. Dame in weißem Kleid mit Blumen: Dorothy Brownlee. Sie hat ein Schilddrüsenproblem und braucht einen besseren Job ...« Diese Daten waren von den zahlreichen Helfern Popoffs vor Beginn unauffällig gesammelt und bei Elizabeth abgeliefert worden. Selbst derartige Entlarvungen (das Tonband wurde zusammen mit entsprechenden Filmaufnahmen im Fernsehen vorgeführt) haben aber nur in seltenen Fällen zur Folge, dass Scharlatane aus der Öffentlichkeit verschwinden.

»Wer heilt, hat Recht!« – Stimmt das wirklich?

1. »Alternative« Medizin?

Früher oder später landen sämtliche esoterischen bzw. okkulten Theorien und Praktiken beim zentralen Bereich der Gesundheit des Menschen. Von der Astrologie bis zum Voodoo-Zauber befassen sich »medial Begabte« mit magischen Diagnose- und Therapieverfahren, die an keiner Universität gelehrt werden.
Es kann hier nicht der Ort sein, die immer wieder geschmähte naturwissenschaftlich orientierte Medizin (»Schulmedizin«) in Schutz zu nehmen, zu verteidigen oder gar als die einzig gesundmachende Methode hochzujubeln. Die negativ gemeinten Begriffe der »Rollschuhdiagnostik« (= der Arzt hat keine Zeit), der »Apparatemedizin« (= unpersönliche Behandlungsmethoden), den »Halbgöttern in Weiß« (= machtbewusstes Verhalten der Ärzte), der »Ersatzteilmedizin« (= was kaputt ist, wird ersetzt) usw. sind allgemein bekannt. Umgekehrt beschweren sich viele Mediziner über das »Kundendienstverhalten«, die Konsumentenmentalität der Patienten, die ohne ein (möglichst teures) Rezept die Praxis gar nicht mehr verlassen wollen und so allzu schnell bereit sind, die eigene Verantwortung an die »Macher« (= Ärzte) abzugeben: »Der soll das in Ordnung bringen, schließlich kostet die Krankenversicherung ja genug!« Gesundheit also als Ware, die man kaufen kann, möglichst ohne dass man selbst etwas dazu tun muss. Dies wäre unter Umständen ja unbequem, weil es z.B. eine Änderung der Lebensweise nach sich ziehen müsste.

Dem wird dann oft eine »alternative, sanfte, unkonventionelle Ganzheitsmedizin« gegenübergestellt, die weitgehend ohne Nebenwirkungen Linderung oder Heilung bringen soll. Ohne genauer hinzusehen, werden Naturheilkunde (wie z.B. Kneippsche Therapie, Diäten, pflanzliche Heilmittel usw.) oder psychosomatische Verfahren mit Homöopathie, Bachblüten, Reiki, Elektroakupunktur, Geistheilung usw. in einen Topf geworfen und der Allopathie (= »Schulmedizin«) vorgezogen.
Dabei zeigte bereits die 1946 gegebene Definition von »Gesundheit« der Weltgesundheitsorganisation deutlich, dass mit »Gesundheit« mehr gemeint ist als »Abwesenheit von Krankheit«: »Unter Gesundheit verstehen wir einen Zustand des vollkommenen (völligen) körperlichen, sozialen und geistigen Wohlbefindens und nicht das Freisein von Krankheiten und Gebrechen.«
Die Verunsicherung im Gesundheitsbereich ist groß, was durchaus im Interesse bestimmter Gruppen liegt und deshalb zum Teil raffiniert weiter geschürt wird. »Das Geschäft mit der Krankheitsangst« floriert. Wenn man die Schreckensmeldungen der letzten Jahre stichpunktartig Revue passieren lässt, ist dies wenig verwunderlich: Radioaktive Verstrahlung (Tschernobyl), Amalgam-Zahnfüllungen, Schweinepest, Dioxin, Rinderwahnsinn, Erdstrahlen, Asbest, Elektrosmog, Salmonellen, Legionärskrankheit, Ozonloch (Hautkrebs), AIDS, Passivrauchen, Cholesterin, Radon, Übergewicht / Idealgewicht / Normalgewicht ...
Ohne es zu merken, wird der Verbraucher oft schon allein durch die Wahl der Worte manipuliert. Folgende Begriffe sind wohl bei vielen Menschen negativ besetzt: chemisch / Chemie – wissenschaftlich – technisch / Technik – industriell – künstlich – mechanisch – synthetisch – Gentechnik – Stress – modern – wissen-

schaftlich nachgewiesen – westliche Zivilisation – materialistisch – gekocht – fleischlich – Verstand (männlich) – Elektrosmog – Beton usw.

Positiv dagegen werden oft diese Worte verwendet: natürlich / Natur – Bio... – rein / Reinheit – Energie – ganzheitlich – sanft – pflanzlich – meditativ / Meditation – uralt – bewährt – Erfahrung – China / Indien / Tibet / Indianer (»natürlich«) – spirituell – geistig – roh – vegetarisch – Intuition (weiblich) – Orte der Kraft – Lehm – Schwingungen – unkonventionell – alternativ usw.

Ein »alternativmedizinischer« Werbetexter könnte also locker formulieren: »Diese uralte, ganzheitliche Heilmethode basiert auf den Jahrtausende alten chinesischen Erfahrungen über spirituelle Energieströmungen. Es werden nur rein pflanzliche, natürliche Bestandteile verwendet, die von Frauen intuitiv an Orten der Kraft zusammengestellt werden.« Unabhängig vom angebotenen Produkt ist dessen Erfolg abzusehen. – »Gewöhnlich glaubt der Mensch, wenn er nur Worte hört, es müsse sich doch auch was denken lassen« (Goethe, Faust I).

In der Tat gibt es wohl nur wenige Gebiete des menschlichen Lebens, in denen so heftig über angebliche Wirkungen diskutiert wird wie den gesundheitlich-medizinischen Bereich. Jeder wird sich mühelos an zahlreiche Gespräche erinnern, in denen ihm bestimmte Medikamente, Ärzte, Therapien, Diäten ... dringend empfohlen wurden, weil »die einem selbst sensationell geholfen haben«. Nur – *was* hat geholfen?

Es gab auf jeden Fall einen »Ausgangszustand«, in dem ein Mensch krank war, sich krank oder zumindest nicht wohl fühlte. Eine gewisse Zeit später ist derselbe Mensch gesund, fühlt sich gesund oder zumindest besser. Dazwischen geschaltet ist eine »black box«, in der anscheinend etwas passiert ist, was zur Besserung führte.

Was dies ist, ist in der Abfolge »Kopfweh – Tablette – kein Kopfweh« oder »Kopfweh – Spaziergang – kein Kopfweh« einigermaßen leicht zu benennen.
Wie sieht es aber in folgender Situation aus, die zugegebenermaßen konstruiert ist, dies aber realitätsnah: Patientin beim Arzt / Heilpraktiker / Heiler ...: »Ich habe seit Wochen starke Schlafstörungen. Meine Freundin hat mir die neuen Tropfen ›Schlafix‹ empfohlen, die letzte Woche in einer Fernseh-Talkshow vorgestellt wurden. Ich weiß, dass sie extrem teuer sind, aber sie sollen eben auch sehr gut wirken.«
Arzt / Heilpraktiker / Heiler ...: »Diese Tropfen sind in der Tat energetisch stark aufgeladen. Sie wirken immer, wenn Sie sie mit einigen Maßnahmen verbinden: Gegen Abend fahren Sie 20 Kilometer mit dem Rad, nehmen danach ein warmes Vollbad mit Kräuterextrakten, verbringen eine zärtliche Stunde mit Ihrem Mann und trinken danach sieben Tropfen (nicht mehr!) ›Schlafix‹ in einem großen Glas warmer Milch mit Honig. Rühren Sie vorher mit einem silbernen Löffel dreizehn Mal im Uhrzeigersinn, acht Mal gegen den Uhrzeigersinn um und gehen Sie dann gleich ins Bett. Dieses muss allerdings genau in Nord-Süd-Richtung stehen. Dies machen Sie in gleicher Abfolge fünf Tage lang und nehmen jeden Tag einen Tropfen ›Schlafix‹ mehr. Ernährungsmäßig halten Sie sich dabei zurück, das heißt: viel Vollwertkost, wenig Alkohol, kein Nikotin, viel Obst und Gemüse. Vermeiden Sie in dieser Zeit auch unbedingt beruflichen Stress und führen Sie jeden Tag mindestens zweimal für ein paar Minuten Autogenes Training durch. Danach brauchen Sie ein neues Fläschchen ›Schlafix‹ ...«
Wetten, dass »es« wirkt und dass »Schlafix« bei der nächsten Party euphorisch weiterempfohlen wird?

2. Wie sieht es mit dem Wirkungsnachweis aus?

Wird im Hinblick auf »alternativmedizinische« Verfahren eine Erklärung für die angebliche Wirkungsweise gefordert, antwortet man allzu oft, dass dies halt »wissenschaftlich noch nicht« erforscht sei bzw. sich der naturwissenschaftlichen Überprüfung generell entziehe. Vor allem beim Missbrauch des Wortes »Energie« wird dies deutlich.
Es muss aber ausdrücklich betont werden, dass auch die »sanfte, unkonventionelle, alternative Ganzheitsmedizin« (oder wie immer man das sonst bezeichnen mag) um *Wirkungsnachweise* nicht herumkommt! Beim obigen Beispiel könnte bei der Fülle der durchgeführten Maßnahmen nicht einmal ansatzweise festgestellt werden, was letztendlich die Schlafschwierigkeiten beseitigte. Die Behauptung jedoch, dass ›Schlafix‹ dafür verantwortlich sei, wäre in einer klinischen Studie mit Doppelblindheit zu untersuchen, bevor man eine entsprechende Aussage machen dürfte. Dabei würde ein Placebo-Medikament (das keinen Wirkstoff enthält) so eingesetzt, dass weder der Patient noch der verordnende Arzt wüsste, ob ›Schlafix‹ oder ›Garnix‹ eingenommen wird. Dass diese doppelblinden Untersuchungen oft extrem schwierig durchzuführen sind (wenn sie denn überhaupt denkbar wären), wird deutlich, wenn man z.B. den Heiltanz eines indianischen Schamanen auf diese Weise untersuchen wollte.
Überall dort aber, wo im esoterischen Bereich bestimmten, genau beschriebenen Verfahren oder Mitteln bzw. Gegenständen genau definierte Wirkungen zugeschrieben werden, muss es sich der Anbieter gefallen lassen, dass nach dem Beweis für die Wirksamkeit gefragt wird. Gibt es ihn nicht, erfordert der Schutz des

kranken Menschen, dass dies auch entsprechend deutlich gesagt wird.
Dass man auch ohne vertieftes medizinisches Wissen hierbei mitreden darf (was oft aus durchsichtigen Gründen abgelehnt wird), zeigen die nachfolgend aus der unglaublichen und dauernd wachsenden Vielfalt an »alternativen« Diagnose- und Therapieverfahren ausgewählten drei Beispielmethoden. Es genügt dabei durchaus, den vielzitierten »gesunden Menschenverstand« walten zu lassen und kritische Fragen zu stellen.
Allgemein lassen sich bei den meisten esoterisch geprägten »alternativen Heilverfahren« folgende Gesichtspunkte unterscheiden:

- Es werden zum Teil unverantwortlich überzogene Heilungsversprechungen gemacht, ohne aber den Beweis für die Richtigkeit der Behauptungen anzutreten. Wird die Unwirksamkeit eines Verfahrens wissenschaftlich nachgewiesen oder zumindest mit guten Gründen behauptet, werden diese Ergebnisse ignoriert und gegenüber den Kunden verschwiegen. Die Erklärungsnot wird mit »kosmischen Energien« oder anderen, keineswegs nachweisbaren, »okkulten« (= verborgenen) Kräften zu beseitigen versucht.
- Hat die wissenschaftlich orientierte Medizin eine möglichst große Gruppe von Menschen im Blick, deren Krankheitsverlauf und Behandlungserfolg untereinander verglichen werden kann, suggeriert die Alternativmedizin, dass im speziellen Einzelfall eine individuelle Hilfe möglich sei, unabhängig von einer wissenschaftlichen Überprüfung. Eine allgemeine, statistisch gesicherte Aussage wie z.B.: »75% aller Patienten mit dieser Krankheit werden durch diese Therapie geheilt« ist also undenkbar. Vielmehr wird der Eindruck erweckt, als ob dem einzelnen Patien-

ten eine individuell zugeschnittene Therapie verabreicht würde, was diesem das Gefühl vermittelt, wirklich ernst genommen zu werden. Fatalerweise wird aber genau dies bei etlichen Alternativtherapien dazu führen, dass bei einem Fehlschlag die Schuld dafür auf den Patienten abgeladen wird, weil er z.B. dem Behandler die falschen Signale gegeben habe. Diese individuellen Signale werden aber – anders als bei einer wissenschaftlich gesicherten Diagnose – benötigt, um Methoden oder Mittel subjektiv-intuitiv auszuwählen. Helfen diese dann nicht, ist der Behandelnde aus der Verantwortung.

- Oft wird verächtlich über die »Apparatemedizin« in Krankenhäusern und Arztpraxen hergezogen. Anschließend stellt man aber selbst neue, eindrucksvolle, kompliziert und teuer erscheinende Geräte vor, deren angebliche Wirkungsweise sich dem Laienverstand (und dem der meisten Fachleute) entzieht.
- Meist wird großer Wert auf ein intensives Gespräch zwischen dem Heiler und dem Patienten gelegt, wodurch ein oft sehr tragfähiges Vertrauensverhältnis entsteht – unabhängig vom anschließend angewandten Verfahren. Welchen Einfluss dies dann auf die angebliche oder wirkliche Heilung oder Besserung hat, ist nicht abschätzbar. Bei jeder medizinischen Behandlung ist aber das Vertrauen in den Arzt / Heiler und dessen Therapie ein wichtiger Faktor, der im Heilungsprozess nicht abgetrennt werden kann.
- Vor allem Patienten mit chronischen und psychosomatischen Erkrankungen suchen den Weg zur »Alternativmedizin«, weil sie »eigentlich alles schon ausprobiert haben und nichts geholfen hat«. Auch das schlimme Wort der »Austherapierung« durch die Schulmedizin wird als Argument herangezogen, wenn man neue Wege geht. Das Wort »Alternativme-

dizin« weist darauf hin, dass der Patient in Bezug auf Methoden und Mittel, die eben grundlegend »anders« sind, eine Wahlmöglichkeit haben soll. Ob im Fall einer bestimmten Krankheit tatsächlich eine Entscheidungsfreiheit besteht und nicht eine bestimmte Therapie zwingend vorgeschrieben ist, kann nicht allgemeingültig beantwortet werden.

- Oft genug suchen kranke Menschen den Alternativheiler erst dann auf, wenn die Krankheit oder die Schmerzen den Höhepunkt erreicht haben. In aller Regel kann es danach nur noch besser werden – ob mit oder ohne und gleichgültig, mit welcher Therapie. Wenn dann eine tatsächliche Linderung oder Besserung eintritt, wird diese gerne auf bestimmte Maßnahmen zurückgeführt. Bei vielen para- oder pseudomedizinischen Verfahren wird (sicherheitshalber?) auch erst einmal von einer möglichen Verschlechterung des Zustandes gesprochen, bevor die Besserung einsetzen soll.
- Auch im Gesundheitsbereich ist die in der gesamten Gesellschaft zu beobachtende Suche nach einfachen Antworten auf komplizierte Fragen zu beobachten. Die oft geradezu rührend naive Vorstellung von Ganzheitlichkeit enthält allerdings auch Gefahren, wenn etwa der Begründer der nach ihm benannten Blütentherapie, Edward Bach, verharmlosend und hoffnungweckend davon spricht, dass Krankheiten durch bestimmte »schöne« Schwingungen hinwegschmelzen wie Schnee in der Sonne. Ähnliche magische Denkweisen findet man in etlichen alternativmedizinischen Theorien, wenn irgendwelche geheimnisvollen, kosmischen Kräfte angenommen werden: »Wie oben – so unten«, »Gleiches bewirkt Gleiches« und »Pars pro toto« (ein Teil steht für das Ganze).
- Dass hinter dem para- oder pseudomedizinischen

Verfahren eine esoterische Ideologie steht, wird verdeckt gehalten oder bewusst verschwiegen. Und indem ursprünglich in eine bestimmte Kultur eingebettete Heilverfahren (wie z.B. das schamanistische) nur bruchstückhaft übernommen und mit anderen Teilen anderer Verfahren vermengt bzw. so in das abendländische Denksystem übertragen werden, werden sie schlichtweg entwertet. Das gilt vor allem für fernöstliche Heilmittel und Methoden. Allein aufgrund ihrer Andersartigkeit könne sie bei Mitteleuropäern suggestiv große Wirkungen erzielen. Dies lässt sich auch auf mittelalterliche Heilmittel und -verfahren, die auf längst überholten medizinischen Vorstellungen beruhen, übertragen (z.B. die überstrapazierten, angeblich von Hildegard von Bingen entwickelten oder eingesetzten Methoden und Mittel).

- Bei zahlreichen Diagnose- und Therapieverfahren der esoterisch geprägten »Medizin« handelt es sich um eine abgeschlossene Theorie, die z.B. nach dem Tod des Begründers (Hahnemann, Steiner, Bach ...) nicht mehr oder nur sehr zögernd erweitert wurde. Dabei sollte es selbstverständlich sein, dass sich medizinische Verfahren nach dem jeweiligen Stand der Erkenntnis permanent hinterfragen und verbessern lassen müssen. Dies gilt für die naturwissenschaftliche Medizin ebenso wie für Alternativverfahren.
- Der Deckmantel »Ganzheitlichkeit« schützt vor konkreter Überprüfung der Heilversprechen, denn oft wird eine Reihe von sehr unterschiedlichen Verfahren und Mittel eingesetzt. *Was* dann tatsächlich *wie* gewirkt hat, welche schädlichen Nebenwirkungen wann in welcher Stärke auftreten können, ist nicht mehr zu sagen.
- Überall ist eine eindeutig kommerzielle Zielrichtung zu beobachten: das Geschäft mit der Krankheits-

angst, Amulette, Abschirmgeräte gegen »krebserregende Erdstrahlen«, geheimnisvolle Essenzen und Tees, magnetbestückte Unterwäsche gegen Impotenz, exotische Mittel gegen Haarausfall, harmonisierende Edelsteine, reinigende Ohrkerzen der Hopi-Indianer (die diese allerdings gar nicht kennen) und vor allem eine nicht mehr zu überblickende Auswahl an entsprechenden Büchern zeigt die immense finanzielle Bedeutung dieses Marktes. »Man weiß ja nie – vielleicht hilft es doch und Gesundheit ist nun mal unser höchstes Gut ...« Wer krank ist oder sich krank fühlt, greift nach dem goldenen Strohhalm, den ihm ein Scharlatan – für viel Geld – zureicht. Die Pauschalreisen zu den philippinischen Wunderheilern werden, obwohl einige der betrügerischen Praktiken aufgedeckt wurden, immer noch angeboten.

- »Die alternativen Heilweisen beruhen darauf, dass der menschliche Organismus mit den meisten Krankheiten ganz von allein fertig wird, ›spontan‹, ohne Medikamente und ärztlichen Rat. Der Schnupfen, so lehrt die Volksweisheit, dauert mit Arzt eine Woche, ohne Doktor sieben Tage. Spontan heilen auch die meisten anderen Infektionskrankheiten, Grippe und Tripper, manchmal sogar Pest und Cholera. Die weitverbreiteten Befindlichkeitsstörungen und psychosomatischen Beschwerden, denen kein organischer Schaden zugrunde liegt, haben ebenso eine starke Tendenz zur ›Spontanheilung‹. Die rechnet sich der Heilkünstler – sei er Schulmediziner oder Außenseiter – zugute« (DER SPIEGEL, 21/1997). Diese so genannten »Spontanremissionen« werden seit einiger Zeit wissenschaftlich untersucht, um Hinweise auf die bislang wohl unterschätzten Selbstheilungskräfte des menschlichen Körpers zu erhalten.
- Neben der Spontanheilung ist vor allem das »Placebo-

Phänomen« für viele »Heilerfolge« der alternativen Medizin verantwortlich. Placebos sind Scheinmedikamente, Therapien oder Therapiebestandteile, die wegen ihrer unspezifischen, psychischen oder psychophysiologischen Wirkung eingesetzt werden, aber selbst keine spezifische Aktivität in Bezug auf die Therapie entfalten. Jede aktive Behandlung durch einen Arzt oder einen Heiler enthält Placeboelemente, auch wenn sie oft weder diesen noch dem Patienten bewusst sind. Meist denkt man beim Wort Placebo nur an die wirkstofflosen, bunten Dragees oder physiologischen Kochsalzlösungen, die aufgrund ihrer Suggestionswirkung aber enorme Wirkungen entfalten können. Dabei ist das Alter, das Geschlecht oder die Intelligenz des Patienten völlig unerheblich, sehr wohl aber die Persönlichkeit des Arztes oder des Heilers. Der »gute alte Hausarzt« war oft ein »wandelndes Placebo«, weil hier ein enger persönlicher Kontakt mit viel Einfühlungsvermögen und mit Vertrauen vorhanden war. Am stärksten wirkt der Placebo-Effekt, wenn beide – Arzt und Patient – gleichermaßen an das Heilmittel oder die Methode glauben. Selbst die Farbe der verabreichten Placebos hat großen Einfluss: Kapseln wirken besser als Tabletten, rote Pillen sind besser als blaue, große besser als kleine, bittere besser als geschmacklose, ausländische besser als einheimische, die vom Arzt verabreichten besser als die von der Krankenschwester, teure besser als billige. Leider wird allerdings die »heilende Kraft des eigenen Willens« und der »Placebo-Effekt« immer noch vorwiegend negativ gesehen. Viele Menschen ziehen es vor, Wundermänner oder Wundermittel für eine Besserung verantwortlich zu machen, statt den eigenen Anteil an vielen Heilungserfolgen zu erkennen. Verschiedene medizinische

Quellen geben zum Teil erstaunlich hohe Prozentsätze an in Bezug auf Krankheiten, die durch den Placeboeffekt gelindert werden können: so bei der Kontrolle des Blutzuckerspiegels zu ca. 66%, bei verschiedenen Schmerzen zwischen 0 und 67%. Weitere Beispiele: Kopfschmerzen (46–95%), Schlafstörungen (0–8%), Heuschnupfen (22%), Erkältungen (35–61%), Multiple Sklerose (0–73%), Bluthochdruck (17%). Diese Beschwerden beruhen zum größten Teil auf Wechselwirkungen zwischen Psyche und Körper und können deshalb zumindest zum Teil auch psychisch angegangen werden.

Das Handbuch der STIFTUNG WARENTEST »Die Andere Medizin« (Berlin 1996) führt als Kennzeichen seriöser Heiler folgende Positionen auf:

- »Er dokumentiert seinen beruflichen Werdegang und ist bereit, entsprechende Fragen zu beantworten ...
- Es gibt feste Praxiszeiten ...
- Er fragt, ob ein (anderer) Schulmediziner bereits eine Diagnose erstellt hat, und lässt sich diese mitteilen.
- Er fragt nach Beschwerden, Lebensumständen und Arbeitsbedingungen.
- Er fragt, ob und wie die Beschwerden bisher behandelt wurden.
- Er untersucht Ihren Körper und bespricht mit Ihnen das Untersuchungsergebnis.
- Er teilt mit, welchen Behandlungsweg er einschlagen möchte.
- Er zeigt eventuelle Behandlungsalternativen auf und begründet, warum er gerade zu dieser Therapie rät.
- Wenn sein Verfahren zur Behandlung nicht geeignet ist, empfiehlt er schulmedizinische Therapie. Bei gleichzeitiger Behandlung durch den Hausarzt empfiehlt er, diesen zu konsultieren.

- Er bespricht, wie Sie sich hinsichtlich der Medikamente verhalten sollen, die Ihnen andere Behandler verordnet haben.
- Er erstellt einen Behandlungsplan.
- Er holt Ihre Zustimmung ein, bevor er vom besprochenen Behandlungsplan abweicht.
- Er bespricht mit Ihnen die Finanzierung der Behandlung und eine eventuelle Kostenübernahme durch die Krankenkasse.

Das erscheint suspekt:

- Der schnelle Rat zu einer teuren Serienbehandlung, aber nur wenig Zeit für das Erstgespräch.
- Die Behandlung muss unbedingt sofort beginnen, obwohl es kein Akutfall ist.
- Die Prophezeiung einer schweren Krankheit oder gar des Todes, wenn Sie die Behandlung ablehnen.
- Manipulationen an Ihnen, noch bevor Sie genau wissen, was geschehen soll und bevor Sie dem zugestimmt haben.
- Ablehnung Ihres Wunsches, sich vor der Behandlung noch mit jemand anderem zu beraten.
- Die Behauptung, die Behandlung heile alles und jedes, sei risikolos und nebenwirkungsfrei.
- Die Forderung, alle anderen Medikamente abzusetzen.
- Ablehnung Ihres Wunsches nach Information und einem genauen Behandlungsplan.
- Unwirsche Reaktion auf die Bitte, Barzahlungen zu quittieren.
- Das Verlangen von Vorauszahlungen für eine länger dauernde Behandlung.
- Abfällige Bemerkungen gegenüber schulmedizinischen Behandlungsmethoden.«

Im folgenden werden drei Beispiele alternativer Heilmethoden genannt, an denen sich verschiedene, auf andere para- und pseudomedizinische Verfahren übertragbare Gesichtspunkte aufzeigen lassen.

Beispiel 1: Bachblüten-Therapie

a) Theorie

Begründet wurde diese Therapie von dem englischen Arzt Edward Bach (1886–1936), der sie als universelles Heilmittel nicht nur in Bezug auf alle körperlichen Erkrankungen, sondern vor allem im Hinblick auf psychische und psychosomatische Störungen propagierte. Bach verstand in seinen letzten sechs Lebensjahren Krankheit als »Konflikt zwischen höherem Selbst und Persönlichkeit«, als »Charakterschwäche«. Der Kernsatz seiner Lehre lautet: »Es gibt keine Krankheiten, sondern nur kranke Menschen.« Der Einfluss des psychoanalytischen Konzepts von C. G. Jung ist immer wieder deutlich spürbar. In der Einsamkeit von Wales fand Bach 38 negative Gemütszustände bzw. Persönlichkeitstypen des Menschen, denen er ein Sortiment an Essenzen aus verschiedenen Blüten und Zweigen von Bäumen und Sträuchern zuordnete. Keine der von ihm verwendeten Pflanzen zählt zu den üblichen Heilkräutern, keine gehört zu den Giftpflanzen oder dient als Nahrung.
Die Herstellung der Essenzen wird detailliert vorgeschrieben: An einem sonnigen Morgen werden die voll aufgeblühten Blüten vor 9 Uhr gepflückt und in eine Schale mit Quellwasser gelegt. Bevor sie verwelken, werden sie mit einem Teil derselben Pflanze wieder aus dem Wasser gefischt. Das Wasser wird anschließend

mit der gleichen Menge Kognak oder Brandy konserviert und dann noch einmal im Verhältnis 1 : 240 verdünnt. Dies wird als »Blütenkonzentrat« («stock bottle«) bezeichnet, von dem jeweils drei Tropfen erneut mit Wasser vermischt und erst dann als Bachblütenessenz eingenommen werden.
Die Diagnose wird entweder anhand eines Fragebogens oder bei erfahrenen Bachblütentherapeuten »intuitiv« erstellt. Wichtig ist außerdem, dass sich der Patient mit der Philosophie Bachs vertraut macht. Außer bei chronischen Beschwerden (die man angeblich aufgrund von unbewussten seelischen Blockaden nicht selbst wahrnehmen kann) ist ein hoher Grad an Selbstmedikation möglich. Die Blütenessenzen sollen nach Bach die energetische und geistige Kraft der Pflanze konzentriert enthalten und so energetische Blockaden beseitigen. Kurz vor seinem Tod betrachtete Bach sein Gesamtwerk als abgeschlossen und als nicht mehr erweiterbar. Nebenwirkungen sind nach seinen Angaben nicht zu erwarten.

b) Kritische Anmerkungen

- Die Bachblüten-Therapie ist ein gutes Beispiel für den Einfluss der Medien bei der Vermarktung alternativer Heilmethoden. Obwohl sie schon seit Mitte der 80er Jahre als Geheimtipp im esoterischen Heilbereich gehandelt wurde, erlebte sie erst im Juni 1995 einen enormen Aufschwung, nachdem die Blütenessenzen im Fernsehen (in der Talkshow »Schreinemakers live«) dreimal unkritisch als nebenwirkungsfreies Allheilmittel propagiert worden waren. Ein regelrechtes »Bachblütenfieber« sorgte für einen Ansturm bei den Apotheken, die aber erst die Blütenmittel aus England bestellen mussten. (Da diese aufgrund des fehlenden Wirkungsnachweises in Deutschland bis heute nicht als Arzneimittel zugelassen sind, muss jeweils die Menge, die dem persönlichen Bedarf eines Kunden entspricht, aus einem Land der EU besorgt werden, in dem die Essenzen als Arzneimittel im Handel sind.)

- Überzogen scheint auch der kommerzielle Aspekt: Aus fünf Litern Quellwasser, in die kurz Blüten eingelegt wurden, werden durch die o.a. Vermischung und Verdünnung zunächst 250 Liter Bachblüten-Essenzen. Daraus wiederum werden 25 000 Fläschchen à 10 ml abgefüllt, die zum Preis von ca. 25.– DM verkauft werden.

  Fast amüsant ist dabei der Versuch, das Monopol der englischen Bachblüten-Essenzen zu brechen. Inzwischen belegen Anzeigen in der Esoterikpresse eine große Zahl an Nachahmungen aus aller Welt. Laut »esotera« (Heft 9/1995, Seite 20) gibt es »über 1000 weitere blumige Tinkturen auf dem Markt«: »Alaska Flower Essenzen«, »Aloha-Essenzen« (aus Hawaii), »Bush-Flowers« (Australien), »Findhorn Flower Essences« (Schottland), »Orchideen-Essenzen« (vom Amazonas), »Alpenblüten-Elixiere« und andere Imitationen versuchen auf den kommerziellen Zug aufzuspringen.
- Vergleichbar mit den hochverdünnten homöopathischen Mitteln ist auch bei den Bachblütenessenzen außer dem vorhandenen Alkohol keinerlei Wirkstoff mehr zu finden. Dieses Argument wird von den Anhängern der Theorie mit dem Hinweis auf die »Energie und geistige Kraft der Pflanze, die konzentriert enthalten sei«, beiseite geschoben. Leider sei dies nur – mit der ebenfalls umstrittenen – Kirlian-Fotografie nachzuweisen. Das Münchner Forum Kritische Psychologie hat der Bachblüten-Gemeinde im März 1996

folgendes Angebot unterbreitet: Da die 38 Blüten-Essenzen erwiesenermaßen kein einziges Molekül irgendeiner Wirksubstanz enthalten, dennoch eine spezifische Wirkkraft vorgegeben werde, empfehle sich zur Klärung des Sachverhaltes ein unter wissenschaftlichen Bedingungen durchgeführter Doppelblindversuch. Eine Prämie in Höhe von 10 000 DM werde ausgesetzt für die erfolgreiche Durchführung folgenden Experiments: Nach Entfernen der Etiketten von zehn beliebig ausgewählten handelsüblichen Bachblüten-Fläschchen sind – unter Zuhilfenahme jedes beliebigen Analyseverfahrens – die darin enthaltenen »Essenzen« korrekt zu benennen. Bei Erfolglosigkeit haben die Versuchsteilnehmer lediglich die Kosten der Versuchsanordnung zu tragen. Über ein Jahr nach der Ausschreibung war zwar eine ganze Reihe an Schmähbriefen eingegangen, mit Vorwürfen von Ignoranz, Verbohrtheit und »mechanistischen Brettern vorm Kopf«, für das Experiment selbst aber hatte sich kein einziger Kandidat gemeldet (Colin Goldner: »PSYCHO-Therapien zwischen Seriosität und Scharlatanerie«, Augsburg 1997)

- Wie bei anderen Theorien, die auf einen einzigen Begründer zurückgehen (z.B. R. Steiner: Anthroposophie, S. Hahnemann: Homöopathie), wurde nach dessen Tod das Werk als abgeschlossen betrachtet und wird dann nur noch widerstrebend oder meist gar nicht mehr verändert. Was bei jeder Wissenschaft selbstverständlich ist, nämlich die Anpassung der Lehre an den jeweiligen (immer vorläufigen!) Stand der Erkenntnisse, wird hier eklatant missachtet. Ein abgeschlossenes Weltbild aber müsste für jeden hilfesuchenden Patienten ein Alarmzeichen sein.
- Äußerst frag- und kritikwürdig ist die Grundlage der Bachschen Theorie: Genau 38 (nicht 35 und nicht 43

Anzeige

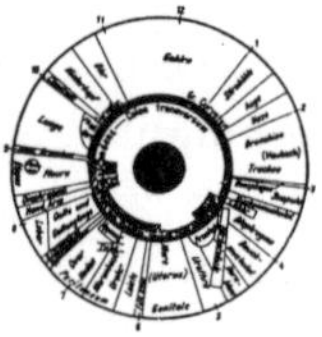

Kummer wg. Ihrer persönlichen

IRISDIAGNOSE?

Wir haben die Lösung!

Wie Sie wissen, ist die Iris der Spiegel der Gesundheit. Störungen verursachen dort Veränderungen.

Wir drehen den Spieß um!

Veränderungen verursachen Gesundheit!

Dazu bieten wir Ihnen neu entwickelte HAFTSCHALEN an, die nach Ihren Vorgaben (oder denen unserer wissenschaftlichen Experten) an den entsprechenden Segmenten eingefärbt sind!

Geben Sie uns Ihre gesundheitlichen Schwierigkeiten an und schauen Sie sich anschließend vier Wochen im wahrsten Sinne des Wortes gesund!

Das bekanntlich energetisch nicht zu übertreffende Sonnenlicht wird durch das eingefärbte Haftschalensegment direkt zum erkrankten Organ geleitet und wirkt dort heilend. (siehe Abbildung oben rechts)

Preis auf Anfrage (da jede Schale mit der Hand in spirituell positiver Atmosphäre unter einer Pyramide angefertigt werden muß, kann dies nicht "billig" sein.)

Aber: ***"Gesundheit - unser höchstes Gut!"***

Im Set (13 Haftschalen gegen insgesamt 137 Krankheiten!) um 5000.- DM billiger als im Einzelbezug!

Unser Repräsentant im deutschsprachigen Raum: Institut für holistische Transformationsmetaphysik, zertifizierter Dipl. - Inspirationsmoderator und magischer Energetiker Wolfgang Dog

oder ...) negative Gefühlsmuster des Menschen gebe es, die archetypisch seien (d.h. im Seelenleben aller Menschen auf der ganzen Welt von Urzeiten her vorhanden). Übersteigerter Sensibilität, latenten Ängsten, Intoleranz, Kritiksucht, Arroganz, Überempfindlichkeit, Unsicherheit, Verzweiflung, mangelnder Einsicht, Realitätsblindheit, Selbstverleugnung, Gewissensbissen, Hoffnungslosigkeit und vielen anderen negativen Seelenzuständen gelte es bestimmte Pflanzen zuzuordnen, um die hinter jeder Erkrankung stehenden negativen Gedanken und Gefühle durch übergeordnete Schwingungen zu harmonisieren. Dann würde die Krankheit wegschmelzen »wie Schnee in der Sonne«. Die Pflanzen wählte Bach »intuitiv« aus.

Beide Ordnungsreihen – die der »Gemütszustände« und die der Pflanzen – sind willkürlich und subjektiv. Darauf ein Heilsystem aufzubauen, das allumfassenden Anspruch erhebt, ist mehr als abenteuerlich. Auch die Einteilung in »positive« und »negative«, in »gute« und »böse« Gefühle ist nicht haltbar, da sie ein moralisches Urteil über den betroffenen kranken Menschen fällt.

- Die Behauptung, dass die Essenzen »Energieblockaden« aufheben würden, steht nicht nachweisbar im Raum und gehört somit in den Bereich der Immunisierung gegen Kritik. Auch hier liegt die Nachweispflicht beim Behauptenden, zumal im heilerischen Bereich. Dabei kann auf keinen Fall ein anderes, ebenfalls esoterisches, magisches Verfahren wie z.B. das Pendeln, der kinesiologische Armtest, die Wünschelrute, Orakelkarten oder die Kirlianfotografie als Beweismethode angeführt werden.
- Auch wenn es vielfach subjektiv empfundene Besserungen gibt, so entpflichtet dies doch nicht von einem

umfassenden Wirkungsnachweis in Form von allseitig anerkannten Studien mit einer Vielzahl von untersuchten Patienten.

- Äußerst bedenklich ist auch, dass Bachblüten-Essenzen selbst bei Vergewaltigung und Misshandlung empfohlen werden. Auch »karmische Blockaden aus früheren Leben« sollen aufgehoben werden können. Auf diese Weise werden aus Opfern Täter gemacht, da das schlimme Ereignis selbst »aus der astralen Ebene herangezogen« worden sein soll.
- Bedenklich ist weiterhin, dass bereits Kinder mit Bachblüten-Tropfen in der Schultasche in den Unterricht geschickt werden. Hier wird eine Geisteshaltung grundgelegt, nach der jedes Problem mit einem entsprechenden Mittelchen gelöst werden kann. Nicht fehlende eigene Anstrengung, nicht das beeinflussende soziale Umfeld der Schulklasse oder der Familie könnte die Ursache für schulische Schwierigkeiten sein, sondern »energetische Blockaden auf der feinstofflichen Ebene«.
- Die »Ausbildung« der Anwender bzw. Therapeuten beschränkt sich auf allgemein zugängliche, populäre Literatur, auf Volkshochschulkurse (!) oder Seminare innerhalb der Esoterikszene. Spezifische heilkundliche Vorkenntnisse sind nicht erforderlich. Sehr oft wird die Bachblüten-Therapie mit anderen esoterischen, »feinstofflichen« Heilverfahren verbunden (Edelstein-/Aroma-/Farbtherapien). Vorhandene seelische oder körperliche Störungen können von Bachtherapeuten also nicht erkannt werden, was zur Folge hat, dass notwendige Behandlungen versäumt werden. Geschadet wird auch hier wieder nicht dadurch, dass etwas getan, sondern dadurch, dass etwas unterlassen wird. (Blütenessenzen können literweise getrunken werden, ohne dass irgendeine Wir-

kung zu erwarten wäre. Alkoholkranke Menschen allerdings sollten sich des für sie schädlichen Bestandteils sehr wohl bewusst sein.)

- Die Stiftung Warentest fasst in »Die Andere Medizin« (Berlin 1996, Seite 214) zusammen: »Die Behandlung mit Bach-Blütenmitteln kann nicht empfohlen werden zur gezielten Behandlung von Krankheiten.«
- Am Rande sei erwähnt, dass Edward Bach selbst nach längerer Krankheit im Alter von nur 50 Jahren starb. Honi soit qui mal y pense (Motto des englischen Hosenbandordens: Ein Schuft, wer Böses dabei denkt).

Beispiel 2: Kinesiologie und Edu-Kinestetik

a) Theorie

Begründer der »Angewandten Kinesiologie« (AK) ist der amerikanische Chiropraktiker George Goodheart, der in den 60er Jahren entdeckt haben will, dass es Zusammenhänge zwischen Gefühlen, bestimmten Muskeln und bestimmten Organen gibt. Wörtlich bedeutet Kinesiologie »Bewegungslehre«. Sie versteht sich als ein universell einsetzbares Verfahren zur Diagnose und Therapie von psychischen und physischen Störungen jeder Art.

Die Grundvorstellung dabei wird aus der fernöstlichen, chinesischen Medizin übernommen, wonach »feinstoffliche, kosmische Lebensenergie« (Chi) in bestimmten Leitungsbahnen (Meridianen) den Körper durchfließt. Hier wird auch der Einfluss des umstrittenen Tiefenpsychologen Wilhelm Reich mit seiner Theorie von der universellen Orgon-Energie deutlich. Danach verhindern Muskelblockaden den freien Fluss dieser Energie,

was am Zustand der Muskulatur, an der Körperhaltung erkannt werden könne. Diese Form der feinstofflichen Energie kann allerdings ebensowenig wie Ki (oder Chi) durch chemische oder physikalische Analyseverfahren nachgewiesen werden, da sie zum Astralleib des Menschen gehöre.
Goodheart entwickelte deshalb den »Muskeltest«, mit dem »Blockaden« gefunden werden sollen. Er ist die Grundlage der kinesiologischen Diagnostik und wird im gesamten alternativen Heilbereich angewandt: Der Behandelnde fordert den Patienten auf, einen Arm im rechten Winkel vom Körper auszustrecken. Dann legt der Therapeut seine Hand auf das Handgelenk des zu Untersuchenden und versucht, gegen dessen Widerstand, den Arm nach unten zu drücken. Die andere Hand des Untersuchenden liegt dabei meist auf dem Organ, dessen Funktion geprüft werden soll. Ist der »Energiefluss« in Ordnung, d.h. das Organ gesund, kann der ausgestreckte Arm des Patienten dem senkrecht nach unten gerichteten Druck der Hand des Therapeuten leicht widerstehen. Der Arm bleibt also waagerecht. Blockiert hingegen Stress das Fließen der Energie, lässt sich der Arm leicht nach unten drücken. Als »Stress« kann dabei vielerlei vermutet werden: eine gesundheitliche Störung im getesteten Organbereich, Drogen, belastende negative Gedanken (z.B. berufliche Sorgen oder Beziehungsprobleme), schädliche Substanzen oder ungeeignete Medikamente (die der Patient beim Test in der anderen Hand hält), fehlende Spurenelemente im Körper, falsche Ernährung oder eine Belastung durch Umwelteinflüsse. Auch wenn die Anwender der Methode es bestreiten, so wirkt dies auf den Außenstehenden wie das Vorgehen mit einem Lügendetektor, dem der zu Untersuchende willenlos ausgeliefert zu sein scheint.

Jedenfalls soll man auf diese Weise blitzschnell und sicher Antworten des Körpers mit »starker oder schwacher Kraft« erhalten können, die dann in entsprechende therapeutische Maßnahmen umgesetzt werden. Neben Massagen von bestimmten Punkten erhält der Patient meist muskelgetestete homöopathische oder pflanzliche Mittel, Bachblüten-Essenzen, Heiledelsteine, aromatherapeutische Mittel oder ähnliches, deren Wirkung später erneut auf die gleiche Weise überprüft wird. Auch bei dieser Methode gehört ein ausführliches Gespräch über die Befindlichkeit des Untersuchten und seiner Lebensumstände meist dazu.
John Thie, ein Schüler Goodhearts, entwickelte später ein eigenes Verfahren, mit dem die festgestellten Störungen therapiert werden sollen: »Touch for Health«. Es wird meist zusammen mit der Angewandten Kinesiologie genannt, weil es auf den gleichen Grundlagen basiert. Dabei werden die angeblich festgestellten Energieblockaden – wieder unter der Annahme der aus der chinesischen Medizin stammenden Meridiane – durch eine Art Akupressurmassage beseitigt.

b) Kritische Anmerkungen

- Deutlich wird die Verquickung verschiedener Ideologien, Theorien und Vorstellungen aus aller Welt.
- Mit ihren zahlreichen Verzweigungen und Abarten, mit ihren handelsrechtlichen Schutzmechanismen ist die Kinesiologie geradezu ein Paradebeispiel für die raffinierte Vermarktung einer in der Luft liegenden Idee, für die Suche nach einfachen Antworten auf komplizierte Fragen. Eine allgemeine Verwendung des Begriffs »Kinesiologie« bzw. deren Varianten wurde durch eine umfassende rechtliche Absicherung verhindert (z.B. »Professional Kinesiology Practitio-

ner («). Auch im deutschen Raum übernehmen mehrere Institute zentral die Vermarktung der Angebote der amerikanischen Mutterorganisation. Lizenzen werden nur von dort gegeben, mit zum Teil erheblichen Preisen. Einzelne Kurse bauen aufeinander auf, bevor man die Berechtigung zur Führung spezieller Titel erhält. »Nach erfolgreichem Abschluss wird das Zertifikat des International Kinesiology College (IKC) verliehen, das autorisiert, selbst Touch For Health I–IV-Kurse zu leiten« (Preis: 807,84 Euro; aus dem 240-seitigen Programm 1999/2000 des Instituts für Angewandte Kinesiologie, Kirchzarten).

- Eine bestimmte medizinische Vorbildung wird vom Anbieter nur in Ausnahmefällen verlangt.
- Die Stiftung Warentest kritisiert (in: »Die Andere Medizin«, Berlin 1996, Seite 303): »Die Muskeltestung ist rein subjektiv und kann manipuliert werden. Die wechselnde Muskelspannung ist abhängig von der psychischen Stimmung und der suggestiven Beziehung zwischen Heiler und Patient. Weder der Test noch seine Interpretationen sind standardisiert. Es gibt bis heute keine wissenschaftliche Dokumentation darüber, ob der Test wirklich das herausfinden kann, was behauptet wird. AK kann keine stichhaltige Aussage über Krankheiten machen. Und es können damit auch nicht die ›passenden‹ Medikamente gefunden werden. Dagegen haben zwei Kontrollstudien, die in amerikanischen Kliniken durchgeführt wurden, und eine deutsche Studie keine der behaupteten Zusammenhänge entdecken können. Fazit der Harvard Universität: ›AK erweckt den Eindruck eines Salontricks. Die Methode ist suggestiv und hat ein hohes Placebopotenzial, das unter Umständen wohltuend wirken kann‹ ... Empfehlung: AK kann als Diagnosemethode nicht empfohlen werden.«

- Bezeichnend ist auch die Scheu der Kinesiologen, ihre Behauptungen durch einfache Experimente überprüfen zu lassen: Seit Jahren biete ich folgenden einfachen Test an: Zehn undurchsichtige schwarze Filmdöschen werden folgendermaßen präpariert: In neun Dosen befindet sich reines Wasser, in einer Dose ein starkes Gift. Mit einem einfachen Doppelblindversuch (keine der am Versuch beteiligten Personen weiß, in welcher Dose sind was befindet) soll die Giftdose mit Hilfe des kinesiologischen Armtests herausgefunden werden. Ist dies erfolgt, trinkt der Kinesiologe unbesehen die neun als harmlos ausgesonderten Dosen aus. Bislang wurde die Herausforderung nicht angenommen. Anscheinend ist das Vertrauen in die »feinstofflichen Schwingungen« bei den »Experten« doch nicht so groß!

c) Die pädagogischen Ableger der Kinesiologie: Edu-Kinestetik und Brain-Gym

Behauptungen
»In der Pädagogik findet die Edu-Kinestetik, eine bedeutende Richtung der AK, seit langem starke Resonanz. Viele Lehrer setzen die Brain-Gym-Bewegungsübungen bereits mit großem Erfolg zur Verbesserung des Lernvermögens ihrer Schüler ein« (aus dem Katalog des Instituts für AK 1999/2000, Seite 15).
Zusätzlich zu den bereits oben angeführten Grundannahmen der Kinesiologie geht man von der Annahme aus, dass Lernbehinderungen, Verhaltensstörungen sowie Leistungsblockaden ihren Grund in einer mangelhaften Koordination der beiden »Hirnhälften« haben könnten. Der Kinesiologe Paul Dennison führte 1980 Beeinträchtigungen der geistigen Leistung von Kindern auf Energieblockaden zurück, die mit dem Mus-

keltest festgestellt und die anschließend vor allem durch bestimmte, einfache Bewegungsübungen beseitigt werden können. Dadurch würde die Zusammenarbeit der beiden Gehirnhälften verbessert: »Tim ist gestresst beim ›ständigen Versuchen‹. Er kann sich an nichts erinnern, und seine Phantasie ist blockiert. Er hat zu viel Energie im ›Versuchsgehirn‹, und das Reflexgehirn ist abgeschaltet. Jedes Mal, wenn Tim fühlt, dass er ›versucht‹ und nicht mit seinem ganzen Gehirn denkt, dann hält er an der Stirn zwei Punkte zwischen den Augen und dem Haaransatz (›die Höcker‹). Das schaltet sein Reflexgehirn wieder an. Er nennt diese Stellen seine ›Positiven Punkte‹. ... Bevor ich ein Buch lese, reibe ich meine ›Gehirn-Knöpfe‹, das sind zwei Punkte unterhalb des Schlüsselbeins rechts und links vom Brustbein. Dabei wird eine Hand auf den Bauchnabel gelegt ... Durch das ›Elefantenspiel‹ lerne ich, beide Ohren ›anzuschalten‹. Ich lege jeweils ein Ohr auf den ausgestreckten Arm und male eine liegende 8 vor mir in die Luft. Der ganze Körper schwingt mit, und der Arm, die Schulter und das Ohr bleiben zusammen« (Paul und Gil Dennison: »EK für Kinder. Das Handbuch der Edu-Kinestetik für Eltern, Lehrer und Kinder jeden Alters«; Freiburg 1995, Seite 59ff).
»In Brain-Gym werden die Bewegungsgrundlagen für schulisches Lernen zusammengefasst: positive Einstellung, Sehen, Hören, Schreiben und Körperbewegung. Der Schwerpunkt liegt auf dem Überkreuzen der Mittellinie, das die linke und rechte Gehirnhälfte und Körperseite verbindet. Der Lernprozess des Überkreuzens der Mittellinie ist grundlegend für Fähigkeiten wie beidäugiges Sehen, Hören mit beiden Ohren und Körperbewegung. Jede dieser Fähigkeiten ist für schulisches Lernen unentbehrlich und verhilft zu einem guten Fundament für leichtes Lernen bei anderen Lebensak-

tivitäten ... Die Brain-Gym-Kurse ... beinhalten auch den Muskeltest und die Aktionsbalance« (Katalog des IAK, Seite 42). Dazu wird vom Institut für Angewandte Kinesiologie die Ausbildung zur »Lernberaterin Praktische Pädagogin« angeboten, die mit Kosten von über 15000,– DM verbunden ist (ohne die vorher zu durchlaufenden Kurse mit einzuberechnen!).

Kritische Anmerkungen

In der Tat geschieht seit einiger Zeit Merkwürdiges im privaten und beruflichen Erziehungsbereich: Die gesellschaftlich überall zu beobachtende Suche nach einfachen Antworten auf komplexe Fragen hat auch die Pädagogik erreicht. Zahlreiche Lehrer und Eltern sind den Sirenenklängen bereits gefolgt und verlassen teils euphorisch gestimmt, teils sehr verunsichert (»Wo bin ich da bloß hingeraten?«) entsprechende Fortbildungsveranstaltungen, die bis vor einiger Zeit sogar amtlich/offiziell angeboten wurden. Das Bayerische und das Baden-württembergische Kultusministerium gingen inzwischen auf Distanz, die frühere schleswig-holsteinische Bildungsministerin Gisela Böhrk strich Seminare zur Kinesiologie und zum Neurolinguistischen Programmieren (NLP), weil »derartige Praktiken in der Schule nichts zu suchen haben« (DER SPIEGEL 36/96, Seite 18). Nichtsdestotrotz finden auf verbandlichen Ebenen weiterhin Veranstaltungen statt, bieten zunehmend »Lernwerkstätten« und »LernberaterInnen« entsprechende Praktiken für hilfesuchende Lehrer und Eltern an. Pädagogische Fachzeitschriften aller Gattungen (die vorzugsweise natürlich von besonders engagierten, jungen Lehrkräften gelesen werden) jubeln unkritisch »kinesiologische Übungen« als schnellwirkende Wundermittel hoch. Kritische Stimmen sind zwar zu hören und zu lesen, doch lassen sich viele offensichtlich vom Satz

leiten: »Wenn die Tatsachen nicht mit der Theorie übereinstimmen – um so schlimmer für die Tatsachen!«
Was wird versprochen? In der Verbandszeitschrift des Bayerischen Lehrer- und Lehrerinnenverbands (BLLV), der »Bayerischen Schule«, erschien in Heft 9/1996 eine halbseitige Einladung zu Veranstaltungen des Augsburger Instituts für AK-System One Brain. Es handelte sich dabei nicht um eine (bezahlte) Werbeanzeige, sondern um einen redaktionell übernommenen Text. Unter der Überschrift: »Abbau von Lernblockaden – Lernen leichter gemacht!« wurden unter anderem folgende Aussagen gemacht: »So bietet diese Methode Hilfe bei schulischen Problemen aller Art: Konzentrationsschwierigkeiten, Legasthenie, Leistungsdruck, Kommunikationsproblemen mit anderen Schülern und Lehrern, Prüfungsstress und Versagensängsten, Nervosität, Hyperaktivität, Antriebsschwäche, Problemen bei Rechnen, Schreiben, Lesen, Buchstabieren, Auswendiglernen, Verständnis und Rechtschreibung, Sprach-, Entwicklungs- und Verhaltensstörungen und vielem mehr. All diese Probleme werden nach der Erfahrung von Three in One Concepts durch emotionalen Stress verursacht, der durch Angst, Schmerz oder Selbstzweifel ausgelöst wird. Dieser emotionale Stress löst im Gehirn in bestimmten Bereichen energetische Kurzschlüsse aus, wodurch diese abschalten. So entstehen die sogenannten neurologischen ›blinden Flecken‹, die für die Lernblockaden verantwortlich sind. Mit Hilfe des Präzisionsmuskeltests werden diese Blockaden genau erkannt und im Alter der Ursache durch das Arbeiten mit effektiven Stressablösetechniken, dem Verhaltensbarometer, der Wissen der Struktur / Funktionen und mit optimalen Integrationsmethoden (z.B. Shifting und Crosscrawl) sanft und mit großem Erfolg behoben (Satz??? W.H.). Die Anwendung dieser Korrek-

turen sind zum Teil sehr einfach und können schon von Kindern jederzeit problemlos durchgeführt werden. Durch die Auflösung des Stresses und der Blockaden werden die neurologischen ›blinden Flecken‹ im Gehirn beseitigt. Die dominante und die alternierende Gehirnhemisphäre werden integriert. Damit steht das Gehirn wieder in seiner Gesamtheit (One Brain) zur Verfügung und kann so optimal genutzt werden: für Verständnis, Lernen und Gedächtnis ... Machen auch Sie Ihren Kindern, Schülern und nicht zuletzt sich selbst das Leben leichter mit den einzigartigen und faszinierenden Möglichkeiten, die Three In One Concepts bietet.«

Das lange Zitat wird beim Leser verschiedene Reaktionen auslösen, je nachdem, ob man Kinder im schulpflichtigen Alter hat. Mancher mag – wie ich selbst – mit dem Kopf schütteln (»Mit Hilfe des Präzisionsmuskeltests ... mit großem Erfolg behoben«) oder aber Gänsehaut bekommen, wenn er sich vorstellt, dass Kinder von Lehrern »diagnostiziert« und »therapiert« werden, die derart obskure, aber verführerisch einfache Vorstellungen von Lernhemmungen u.ä. – noch dazu auf amtlichen Fortbildungen – erhalten haben. Eine wahre Zaubermethode! Selbstverständlich hat auch jeder Lehrer, jede Lehrerin das »Recht auf persönliche Dummheit«. In einem Leserbrief an die »Bayerische Schule« (gegen einen Artikel, den ich dort veröffentlicht hatte) bestätigte dann auch eine Kollegin: »Im Rahmen der Ausbildung im Three in One Konzept löste sich nachhaltig: *meine* Spinnenphobie, *mein* Gefühl, häufig überlastet und gestresst zu sein, immer für alles verantwortlich und an allem schuld zu sein, und, und, und ... Kurz: *Mein* Leben ist seitdem besser organisiert, stressfrei ... und *ich* habe mehr Energie ...« (Hervorhebungen durch W.H.). Dagegen ist nichts zu sagen, solange sich das Ganze im privaten Raum abspielt. Im

sensiblen Erziehungsbereich verbieten sich aber Ideologisierungen und pseudowissenschaftliche Experimente. Dafür sollte eigentlich auch die staatliche Schulaufsicht sorgen.
Ich möchte meine Kritik thesenartig mit dem Bild eines »pädagogischen Nestes«, in dem ab und zu neue Theorien, neue Erkenntnisse, neue Ideen, neue Methoden, eben »neue Eier«, auftauchen, zusammenfassen:

Edu-Kinestetik ist ein Kuckucksei
Die Vorgehensweise kommt einem sehr bekannt vor, wenn man schon längere Zeit im esoterischen-okkulten-sektenähnlichen Bereich tätig ist: Hilfesuchende, verunsicherte Menschen werden mit verständnisvollen, einleuchtenden, sofort durchführbaren, natürlichen, sanften, mühelosen, zeitgerechten, erlebnisbetonten ... Methoden eingefangen, um sie zunächst positiv emotional einzustimmen. Ist die »Neu-Gier« erst einmal geweckt, bietet man »Fortgeschrittenen-Kurse« an, die zu einer höheren Erkenntnisstufe führen sollen. Neue Bedürfnisse werden geweckt, die nur durch andere Angebote des gleichen Veranstalters befriedigt werden können. Damit das nicht jeder auf eigene Faust machen kann, schützt man diese Techniken urheberrechtlich.
Dabei werden die Interessenten zunächst darüber im Unklaren gelassen, dass eine handfeste esoterische Ideologie (der Holismus: F. Capra, M. Ferguson) sowie die Vorstellung eines geheimnisvollen, naturwissenschaftlich nicht nachweisbaren »Energieflusses« dahintersteckt. Es werden Zusammenhänge zwischen Emotionen, bestimmten Muskeln und bestimmten Organen behauptet, die in ihren Grundlagen von der chinesischen Medizin stammen. Auf dem Muskelwiderstand, der durch Störungen des »Energieflusses« entstehen

soll, beruht das Diagnosesystem der Kinesiologie, der sehr frag-würdige »Armtest«. Nur – davon erfährt erst derjenige, der tiefer einsteigt, der weitere Kurse bucht, der erhebliche Summen an Gebühren zahlt. Nimmt man das aktuelle Verzeichnis des deutschen Betreibers (der amerikanischen Mutterfirma) und addiert die Summen, kommt man mühelos auf Beträge zwischen 15 000 und 20 000 DM! Zunächst wird unter falscher Flagge gesegelt mit einem blütenweißen Schaffell als Umhang.
Stutzig machen auch die zahlreichen, wissenschaftlich-seriös klingenden Fantasienamen der Methoden und Vertreiber, die alle dem gleichen, rechtlich geschützten Anbieter-Netzwerk entstammen: Touch for Health (Heilen durch Berührung), Brain Gym (Lerngymnastik), Physioenergetik, Energy Training, Energy Life Circle, Movement Dynamics, Behavioral Kinesiologie, Psychologische Kinesiologie oder Kinesiologisch-Kybernetische Strategie (ein Programm zur Wirtschaftsberatung).
Auch bei den harmlosen, motivierenden, meditativen Bewegungs- und Lockerungsübungen wird vordergründig so getan, als ob dies bereits Kinesiologie sei. Dabei handelt es sich um alten Wein, der ohne Skrupel in neue Schläuche verpackt wurde. Diese gymnastischen Übungen gehörten schon seit jeher zum Standardrepertoire vieler Lehrer in Bezug auf psychohygienische Auflockerung des Unterrichts (diese Übungen tragen dazu bei, dass das Kind sich selbst und seinem Körper Aufmerksamkeit schenkt, sich auf Bewegungen konzentriert, sich entspannt, Sauerstoff tankt, das Gefühl hat, selbst zu handeln und sich selbst zu helfen usw.) und funktionieren selbstverständlich auch ohne ideologischen Hintergrund. Mit erstaunlichem Erfolg bemüht man sich, ein Markenbewusstsein beim pädagogischen

Konsumenten zu erzeugen. Ähnlich wie bei: Nutella = Schoko-Brotaufstrich, Tempo = Papiertaschentuch, Tesa = Klebestreifen usw. versucht man zu erreichen, dass gymnastische Übungen mit Kinesiologie gleichgesetzt werden. Das ist unredlich! Inzwischen lasse ich bei amtlichen Fortbildungen zum Thema »Frag-würdige Strömungen in der Pädagogik« die Teilnehmer sieben gymnastische Übungen durchführen (um den Tagungsstress zu mindern und die Mechanismen erfahrbar zu machen). Zwei davon stammen aus der Edu-Kinestetik, die übrigen aus dem reichhaltigen Repertoire des früher als »Zimmerturnen« bezeichneten »normalen« Bewegungsprogramms. Ein Unterschied ist für die Teilnehmer nicht erkennbar.
Die Hauptgefahr besteht auch hier nicht darin, was *getan*, sondern was *unterlassen* wird (z.B. an pädagogischen Fördermaßnahmen).

Edu-Kinestetik ist ein Windei
Auffällig ist, dass viele LehrerInnen auf »Edu-Kinestetik-Trip« die mühsam erworbenen Kenntnisse und Fähigkeiten der Lehrerausbildung ohne Zögern über Bord werfen. Das ist ein Signal für das enorme Bedürfnis nach hilfreichen, schnell wirksamen, einfach durchzuführenden Praktiken im schwierig gewordenen Schulalltag.
Im Gegensatz zu anderen pädagogischen Neuansätzen (Freiarbeit, Projektunterricht, Praktisches Lernen, kontemplative Phasen u.a.), die lernpsychologisch und pädagogisch abgesichert und diskutabel sind, entpuppt sich der edu-kinestetische Untergrund als Treibsand. Zusammenfassend gesagt handelt es sich um ein rein mechanistisches Denkmodell, wenn bei der Diagnose aus rein physiologischen Phänomenen direkt auf psychische Befindlichkeiten geschlossen wird. Dies gilt

ebenfalls für den »Therapiebereich«, wenn man durch weitgehend monokausale Einwirkungen auf Muskelspannungen eine Änderung von psychischen Dispositionen erreichen will.
Die Persönlichkeiten des Lehrenden und »Behandelten« werden vernachlässigt. Eine Anamnese (z.B. des Umfelds) findet nicht statt. »Therapiert« wird das Kind als Einzelperson ohne Berücksichtigung z.B. sämtlicher häuslicher Faktoren oder anderer Beziehungsprobleme (mit Lehrern oder Klassenkameraden). Der erhobene Anspruch auf »Ganzheit« (ein wie »Energie« ebenfalls missbrauchtes Modewort) wird dadurch eben nicht erreicht.
Ebenfalls auf wackligen Füßen steht das verwendete Bild von der Zusammenarbeit beider Gehirnhälften. Ich möchte dazu Auszüge aus zwei Gutachten der Universität München zu den neurologischen Grundlagen der Edu-Kinestetik zitieren, die dem Arbeitsbericht Nr. 290 des Bayerischen Staatsinstituts für Schulpädagogik und Bildungsforschung in München (ISB) beigefügt sind (Waltraud Walbiner: »Edukinesiologie – Ein neuer Heilsweg in der Pädagogik? München 1997):
»Insgesamt kann daher von einer wissenschaftlichen Begründung der Methode im neuropsychologischen oder neurophysiologischen Bereich nicht die Rede sein. Es wird aber durch den Rückgriff auf entsprechende Ausdrücke und die Behauptungen, dass man wisse, wie das Gehirn funktioniere, dieser Anspruch erhoben und dem Leser zu suggerieren versucht.«
»Die Annahme so simpler Kausalzusammenhänge, wie der Muskeltest und die Anschaltung zentralnervöser Vorgänge bzw. Hirnregionen sie suggerieren, liegt außerhalb jeden Verständnisses für die komplexe Organisation der Hirnleistung ... In dem Muskeltest liegen erhebliche Gefahren der subjektiven Interpretation ... Die Darstellungen des Autors sind neurologisch und

physiologisch unhaltbar. Sie stellen eine derartige Simplifizierung und Verfälschung der Vorgänge des zentralen Nervensystems ... dar, dass die Aufnahme so erklärter diagnostischer Techniken zum Umgang mit Kindern in hohem Maße beunruhigen muss. Wie in vielen vergleichbaren Angeboten wird auch in der Edu-Kinestetik die einfache, mechanistische Vorgehensweise einer therapeutischen Intervention mit eingängigen Begriffen aus Philosophie, Psychologie und Esoterik verbunden ... Die Lösung für die Probleme der Kinder kann nicht von den Lehrern erwartet werden. Sie ist eine Aufgabe der Gesellschaft ... Mit dem hier vorgegebenen Denken und Tun werden Menschen erzogen, die An- und Abschalten (... analog der Funktion elektrischer Geräte vorzustellen) als Lösung für Probleme verstehen lernen ... Gleichzeitig erlebt sich das Kind durch diese Manipulation als behandlungsbedürftig und nicht in Ordnung ...«

Edu-Kinestetik ist ein faules Ei

Bezeichnend ist, dass eine gewisse »Gläubigkeit« in die Methode vorausgesetzt wird. Gegenüber Kritikern verhält man sich nicht so, wie es eigentlich im gesamten pädagogischen Bereich bislang üblich war, nämlich in Form einer sachlichen, argumentativen Diskussion. Vielmehr wird sofort in einen persönlichen Angriff übergegangen, der insgesamt unterstellt, dass man eben noch nicht den erforderlichen Erleuchtungsgrad erreicht hat, um sich ein Urteil über ... erlauben zu können; dass man Wissenschaftsfanatiker sei, der nicht aus seinem »Vernunftkorsett« ausbrechen könne. Wie sagte schon Cicero: »Wenn du keine guten Argumente hast – greife deinen Kritiker an!« Mobbing in Lehrerkollegien gegen SkeptikerInnen bezüglich der Edu-Kinestetik ist leider keine Seltenheit mehr.

Undenkbar war bislang auch ein handelsrechtlicher Schutz einer pädagogischen Methode.
Fazit der Stiftung Warentest (a.a.O.): »Empfehlung: ... Auch Edu-Kinestetik und verwandte Verfahren können nicht empfohlen werden.«
Letztlich können selbstverständlich die für die jetzigen schulischen Verhältnisse Verantwortlichen nicht aus der Pflicht entlassen werden. Wie *Hemminger* (in: *Gross* W. (Hrsg.): Psychomarkt – Sekten – Destruktive Kulte, Bonn 1996) richtig schreibt, kann die Edu-Kinestetik »fachpsychologisch weder als theoriefähig gelten noch therapeutisch ernst genommen werden, doch sie breitet sich als nichtfachliche Alternativmethode zur Zeit unter Lehrern und Heilpraktikern rasant aus. Der Grund liegt wohl darin, dass die Kinesiologie die komplexen pädagogischen und psychologischen Probleme des heutigen Schulunterrichts überschaubar macht und einfache Handlungsanweisungen vermittelt. Dadurch werden Zweifel an der eigenen Kompetenz behoben und zumindest subjektiv Handlungsfähigkeit erzeugt. Dass immer mehr Lehrer zu solchen Mitteln greifen, sollte von Fachleuten nicht belächelt werden. Der Vorgang weist uns darauf hin, welche Belastungen wir den Lehrern zumuten, die soziale Probleme unserer Gesellschaft und deren psychische Folgen ständig im Klassenzimmer reparieren müssen.«
Der bereits erwähnte Arbeitsbericht des ISB fasst zusammen (Seite 56):
»Ansatz und Methoden der Edukinesiologie haben von der Angewandten Kinesiologie einzelne Aspekte wie den ganzheitlichen Ansatz, den Energiebegriff, Kenntnisse über Meridiansysteme, bestimmte Reflexpunkte etc. übernommen. Diese ›Grundlagen‹ der östlichen Medizin werden wie Versatzstücke willkürlich mit Begriffen der Neurophysiologie vermischt. Den Erkennt-

nissen der Neurophysiologie und Neuropsychologie, den für die Erklärung von Lernprozessen wichtigen Wissenschaftsbereichen, wird man damit nicht gerecht. Das Gebäude der Edukinesiologie lässt sich insgesamt nicht als stimmige Theorie bezeichnen. Darüber hinaus ist auch die Anwendung der Methoden nicht systematisch.
Befremdend ist außerdem die Art und Weise, wie die Methode derzeit, in Verbindung mit nicht immer seriösen Vermarktungsstrategien, Verbreitung erfährt und bei Betroffenen nicht erfüllbare Hoffnungen weckt. Lehrer müssen heute verstärkt nach ganzheitlichen, handlungs- und erlebnisorientierten und die Bewegung einbeziehenden Methoden suchen und sie im Unterricht anwenden. Dies ist ein schwieriges und unterstützenswertes Unterfangen. Esoterisches Gedankengut und simplifizierende Methoden unter dem Deckmantel einer ›praktischen Pädagogik‹ sind dafür kein Ersatz.«

Beispiel 3: Das Geschäft mit der Krankheitsangst: Erdstrahlen und Wünschelrute

a) Fallbeispiele

»Einem alten Bergsteiger und seiner Wünschelrute haben zwei junge Skifahrer aus England ihre Rettung aus Bergnot zu verdanken. Die beiden Männer hatten sich bei Oberammergau verfahren. Über einer Landkarte ortete er mit einer Wünschelrute die genaue Lage der beiden Skifahrer ›zwischen dem ersten und dem zweiten Leitergraben‹. Alles habe sich später als korrekt erwiesen, selbst die Höhenangabe von genau 1340 Metern.« (DER TAGESSPIEGEL, 27. 2. 1994)

»Nachdem meine Frau an Darmkrebs starb und auch bei mir ein Blasenkrebs behandelt werden musste, habe ich auf den Rat von Bekannten hin einen Rutengänger ins Haus geholt. Dieser fand dann prompt eine Wasserader. Nebenbei machte er mich auf Magnetfelder und ihre ungünstigen Strömungen aufmerksam. Leider ist der Mann mittlerweile verstorben. Können Sie mir einen Rat geben, wie ich mich gegen diese Magnetfelder schützen kann, und mir vielleicht eine entsprechende, aber seriöse Adresse nennen?« (Neue Revue, März 1993)

»Können Erdstrahlen der Grund dafür sein, dass unsere Kinder ständig krank sind? Oder sind es elektromagnetische Strahlen? Direkt unter unserer Wohnung liegt nämlich der Waschmaschinenraum ...« (Vital 2/1992, Seite 62)

»Ich reagiere seit vielen Jahren empfindlich auf Wasseradern, Erdstrahlen, Elektrosmog und Metalle. Meine Herz-, Blutdruck- und Schlafprobleme habe ich durch eine Veränderung meines Schlafplatzes immer wieder hinbekommen. Doch bei jeder Änderung der Strahlensituation im Haus fängt alles von vorn an.« (Frau im Leben, 7/1998, Seite 78)

»Als ›bloße Angstmache‹ hat die Verbraucherzentrale Rheinland-Pfalz Warnungen von Wünschelrutengängern und ›Radiästheten‹ vor angeblichen Erdstrahlen bezeichnet, weil es bis heute keinen seriösen Beleg für deren Existenz geschweige denn für eine gesundheitsschädigende Wirkung gibt. Die Verbraucherzentrale warnt ihrerseits vor Personen, die diese Angst ausnützen wollen, um Dienstleistungen wie ›Hausbegehungen‹ oder diverse teure Hilfsmittel zum ›Erdstrahlenschutz‹ zu verkaufen.« (Aachener Nachrichten, 15. 8. 1995)

»Letzte Woche kam ein Mann zu uns, der unser Haus nach Wasseradern untersuchen sollte. Als er damit fertig war, sagte er, dass unser ganzes Haus verseucht sei und dass es besser sei, sofort auszuziehen, weil wir sonst davon krank würden. Jetzt möchte ich gern wissen, ob wir diesem Mann glauben sollen, oder ob er alles nur erfunden hat. Stimmt es, dass unterirdische Wasseradern krank machen können? Meine Mutter möchte am liebsten sofort das Haus verlassen. Bitte antwortet so schnell wie möglich.« (BRAVO 19/1989, Seite 60)

b) Kritische Fragen

Vor allem der letzte Leserbrief zeigt, weshalb das Thema »Wünschelrute« im Kapitel der Paramedizin behandelt wird. Zu kaum einem anderen Bereich werden bei Vorträgen so oft Fragen gestellt wie zu diesem. Fast jeder kennt jemanden, der selbst mit der Rute oder dem Pendel unterwegs ist, um »Wasseradern« oder »Erdstrahlen« zu suchen. Die Verunsicherung der Menschen ist groß, weil die Angst vor krankmachenden, unsichtbaren Strahlen allgegenwärtig ist, geschürt durch zahlreiche Medienberichte. Und immer wieder: »Man weiß ja nicht ... Vielleicht ist doch was Wahres dran ... In ein paar Jahren ... Schließlich hat man noch bis vor kurzem auch nicht gewusst, dass Asbest oder bestimmte Holzschutzmittel ...«
Schließlich werden Wünschelruten seit Jahrhunderten dazu verwendet, Wasser, Bodenschätze jeglicher Art, vergrabene Schätze, »Kraftfelder« und »Kraftorte«, Krankheiten oder verlorengegangene Gegenstände zu finden. Wirklich?

Zu dieser Thematik sind inzwischen zahllose Bücher geschrieben, Zeitschriftenartikel erschienen, Fernsehsendungen ausgestrahlt worden – pro und contra. Die Fronten zwischen den Gegnern und den Anhängern der Wünschelrutentheorie sind abgesteckt und anscheinend nicht aufzuweichen. Dazwischen steht der verunsicherte Verbraucher, der sich lieber einen »Entstörapparat« kauft und sein Bett verschiebt, als weiter in der Ungewissheit zu leben. Schließlich sind auf beiden Seiten »namhafte Fachleute« zu finden, mit Doktor- und Professorentitel.
Man muss sich allerdings nicht jahrelang durch die Literatur kämpfen, um bestimmte kritische Fragen stellen zu dürfen, die hier in Kurzform angeführt werden:

- *Warum kommen verschiedene Rutengänger nicht zum gleichen Ergebnis?*

Wenn Rutengänger mit der Behauptung auftreten, sie könnten bestimmte Leistungen vollbringen (die zu bezahlen sind), dann erscheint es nur vernünftig, sie daran auch zu messen. Jedoch: Lässt man eine Wohnung, einen Garten oder eine Stelle in freier Landschaft von mehreren Radiästheten (»Strahlenfühligen«) untersuchen und die gefundenen »Störzonen« auf ein Blatt Papier aufzeichnen, erhält man eine Zeichnung, die große Ähnlichkeit mit einem Schnittmusterbogen hat: Keine Einigung!
Schon mehrmals wurde folgender Versuch durchgeführt: Eine Wohnung wurde (selbstverständlich im zeitlichen Nacheinander) von mehreren Rutengängern auf angeblich schädliche »Erdstrahlen« untersucht. Jedes Mal schob man das Bett an eine andere Stelle. Ergebnis: Immer wurde über dem Bett eine besonders schädliche Kreuzungszone gefunden, die aber bei den anderen Rutengängern nicht vorhanden war. Bei dem

1990 in Kassel von der »Gesellschaft zur wissenschaftlichen Untersuchung von Parawissenschaften e.V.« (GWUP) mit viel Aufwand durchgeführten Wünschelrutentest hatten die 20 Testpersonen vorab Gelegenheit, auf dem Versuchsgelände einen »Störzonentest« durchzuführen. Dadurch sollte vermieden werden, dass nach einem späteren Scheitern »störende, unbekannte Strahlungen« o.ä. als Entschuldigung dafür herangezogen werden könnten. Nicht zwei von ihnen fanden die gleichen »Wasseradern« oder »Erdstrahlenzonen«.

- *Warum liegt die Trefferquote der Wünschelrutengänger bei der Wassersuche im Zufallsbereich?*

Die Behauptung: »Ich kann mit der Rute, dem Pendel feststellen, ob sich unter mir Wasser befindet« wurde schon mehrfach an vielen Orten der Welt überprüft – mit zum Teil hohen Preisgeldern für *die* Radiästheten (»Strahlenfühligen«), die das konnten, was sie behaupteten. Dazu wurden Rohre verlegt, durch die entweder Wasser floss oder nicht. Mit großem Aufwand wurde Doppelblindheit hergestellt. Das heißt: Weder der Rutengänger noch der ihn begleitende Versuchsleiter kannten zum nämlichen Zeitpunkt die richtige »Wasserlage«. Obwohl nur »ja« oder »nein« als Ergebnis möglich war, lag die Trefferquote beim o.a. Test der GWUP z.B. bei 52,3% (die durch Würfeln oder Münzenwurf ebenfalls hätte erreicht werden können; statistisch gesehen gibt es eben nur zwei Möglichkeiten, die sich bei einer großen Zahl von Versuchen auf jeweils 50% einpendeln). Bei den oft gehörten Erfolgsberichten zahlloser Landwirte und Gartenbesitzer sollte immer nachgefragt werden: »Wurde fünf Meter weiter nördlich, zwei Meter weiter westlich, zwanzig Meter weiter östlich ... auch gebohrt? Hat man dort kein Wasser gefunden?« Die Annahme von »Wasseradern« im Sinne von

»unterirdischen Bächen« widerspricht dem geologischen Befund, nach dem das Grundwasser flächig im Untergrund vorhanden ist. Natürlich steht es an manchen Stellen höher als an anderen, was wiederum am Pflanzenwuchs (auch intuitiv!) erkennbar ist. Mag sein, dass ein naturverbundener Rutengänger dies spürt und damit die Rute zum Ausschlag bringt. Nur ist die eine erfolgreiche Bohrung kein Beweis dafür, dass nicht auch wenige Meter nebenan Wasser gefunden worden wäre. Verkürzt: Man kann in Deutschland bohren, wo man will: Man findet so gut wie immer Wasser – früher oder später!

- *Warum kann ein Rutengänger nicht feststellen, ob ein Kupferdraht Strom führt oder nicht?*

Gerade mit der »Strahlen- und Magnet*fühligkeit*« wird Werbung gemacht, schließlich sollen ja (wissenschaftlich nicht messbare) Strahlungen aufgefunden werden. Dass dazu besondere Sensibilität gehört, erscheint offensichtlich. Auch bei der Wassersuche mit der Rute werden zur Erklärung Magnetfelder herangezogen, die durch fließendes Wasser entstehen sollen. Überprüft man diese angebliche Strahlenempfindlichkeit, indem man Rutengänger mit einem Kupferdraht konfrontiert, in dem entweder Strom fließt oder nicht, und sie auffordert, mit ihrer Rute (oder dem Pendel) festzustellen, welcher Zustand jeweils vorliegt, erhält man auch hier lediglich Treffer im Zufallsbereich.

- *Warum kann ein Rutengänger nicht in einer von zehn Schachteln das Material finden, von dem er selbst behauptet, dass die Rute über ihm ausschlagen würde?*

»In einer Scheune wurden zehn Kunststoff-Behälter gleicher Machart auf einer Bank platziert und mit den Nummern von 1 bis 10 eindeutig gekennzeichnet. Jeder

Teilnehmer konnte einen Gegenstand aus der folgenden Liste benennen, von dem er glaubte, dass er ihn mit seiner Rute in einer geschlossenen Schachtel finden könne: Eisen, Kohle, Gold, Silber, Magnet, Kupfer. Das ausgewählte Material musste dann in einem von zehn Behältern gefunden werden, neun waren leer. Die durchschnittliche Trefferquote lag bei 10,8%« (bei einer Chance von 1 : 10, also auch hier wieder der Zufallsbereich) (aus: Skeptiker, 1/1991, Seite 6).

- *Warum kann derselbe Rutengänger eine natürliche »Reizzone«, die er in einem ersten Versuch aufgespürt haben will, bei einem zweiten Durchgang nicht wiederfinden, wenn die Versuchsanordnung so ausgerichtet ist, dass der Rutengänger den Ort beim zweiten Durchgang nicht wiedererkennen kann?*

Bei dem mit 400 000 DM vom Bundesforschungs-Ministerium Ende der 80er Jahre geförderten Münchener Wünschelrutentest mussten die Testpersonen auf einem Laufbrett zeigen, dass sie die Fähigkeit besitzen, eine bestimmte Stelle unter Ausschaltung aller erdenklichen Orientierungsmöglichkeiten mehrfach zu erkennen. »Wieder demonstrierte die Mehrzahl (von ca. 500 Teilnehmern, W. H.) nur ihre Unfähigkeit. Acht Rutengänger erzielten bei dieser Prozedur hochsignifikante Ergebnisse, die sie auch wiederholt produzieren konnten, weitere fünf immerhin signifikante Ergebnisse« (bild der wissenschaft, 1/1992, Seite 41). Auf Anhieb sieht dies tatsächlich aus wie ein Erfolg der Anhänger der Radiästhesie, doch ist dieser mit Steuergeldern finanzierte Test nach wie vor heftig umstritten. Vor allem die GWUP bezweifelte die dabei aufgebrachte wissenschaftliche Sorgfalt und äußerte den Verdacht der Datenselektion. Hinzu kommt: »Statt skeptische Wissenschaftler mit dem 400 000-Mark-Projekt zu betrauen, verfielen die Geldgeber auf die Münchner Physik-Professoren Herbert L. König und Hans-Dieter Betz – Namen, die bei Kennern der Rutenszene übersinnliches Hautkribbeln auslösen. Schon 1982 hatten die beiden Wissenschaftler in einem Aufsatz ... gleichsam den harten Kern ihrer Überzeugung zu erkennen gegeben: Das ›Grundphänomen‹ des ortsabhängigen Rutenausschlags ... lasse ›sich bei aller Kritik keinesfalls leugnen‹« (DER SPIEGEL, 10/1987). Ein allgemein anerkannter Beweis für die Reproduzierbarkeit der Rutengängerfähigkeit steht jedenfalls immer noch aus.

- *Warum wird der zweifelsfrei vorhandene Ausschlag der Wünschelrute oder des Pendels immer wieder als »unerklärbar«, als »paranormal« bezeichnet, obwohl es doch eine ganze Reihe von durchaus »natürlichen« Gründen dafür gibt?*

Das angespannte Halten der Rute sorgt (vergleichbar mit dem Pendel, siehe Seite 73) für deutlich erkennbare Bewegungen, selbst wenn der Rutengänger der festen Überzeugung ist, das Gerät ruhig zu halten. Ideomotorische Bewegungen (»Carpenter-Effekt«, vgl. Seite 75) lassen die Rute dort ausschlagen, wo der Haltende es unbewusst will. Dabei wird deutlich, dass Kenntnisse, die im Unterbewusstsein gespeichert sein können, in der Tat zu Erfolgen führen können. So sind mir mehrere Fälle bekannt, in denen z.B. nicht auf Plänen verzeichnete Abwasserrohre o.ä. mit Hilfe einer Wünschelrute gefunden wurden. Bislang aber stellte sich auf Nachfrage immer heraus, dass der Rutengänger – auch wenn er den Verlauf der Wasserleitungen nicht mehr angeben konnte – selbst vor langer Zeit an deren Verlegen beteiligt gewesen war. Natursensible Menschen können einen höheren Grundwasserspiegel intuitiv erfühlen, allein durch die unbewusste Wahrnehmung des Pflanzenwuchses oder landschaftlicher Gegebenheiten. Dies führt dann ebenfalls zu einem unbewussten Rutenausschlag, der aber nicht auf äußeren Einwirkungen beruht.

- *Warum können Rutengänger nicht erkennen, ob ein von ihnen produziertes, empfohlenes und verkauftes »Strahlenabschirmgerät« eingeschaltet ist oder nicht?*

Es wird eine Vielzahl höchst unterschiedlicher Methoden propagiert, um die angeblich krankmachenden »Erdstrahlen« unschädlich zu machen. »Abschirmmatratzen« oder Einzelgeräte für den Raum bzw. die Person werden im Esoterikhandel angeboten, ohne dass ein Wirkungsnachweis dafür erbracht wird. Oft sind die Worte aufgedruckt: »Vorsicht! Beim Öffnen des Geräts geht die Wirkung verloren!« Warum? Sowohl in Wissenschaftssendungen im Fernsehen als auch vor Gericht wurden die Apparate geöffnet. Man fand Fensterkitt, Drahtspulen, Schuheinlagen, Ohrringe, Teeblätter, Ameisensäure, Holz und andere (in Bezug auf Erdstrahlen »frag-würdige«) Materialien! In Gegenwart von Wissenschaftlern demonstrierte Gustav Freiherr von Pohl, der als Koryphäe unter den Rutengängern gilt, »bei eingeschaltetem Entstrahlungsgerät, wie die Wirkung von Erdstrahlen aufgehoben sei und seine Rute keinen Anschlag zeige. Als dann von einer Kontrollperson das Entstrahlungsgerät ausgeschaltet wurde, zeigte sich ein Rutenausschlag, den er trotz größter körperlicher Anstrengung angeblich nicht vermeiden konnte. Dem Baron trat der Schweiß auf die Stirn, er kniff die Lippen zusammen und reckte den Unterkiefer vor und war am Ende des Versuchs von seinem Bemühen, die Rute zu halten und gegen die drehende Kraft der Rute sich zu behaupten, ziemlich erschöpft. Tatsächlich war aber das Entstrahlungsgerät von der

Versuchsperson nicht ausgeschaltet worden, sondern stand ›eingeschaltet‹ auf dem Tisch, und eine Wirkung der angeblichen Erdstrahlen hätte nunmehr nicht auftreten dürfen« (aus: Prokop O. / Wimmer W.: »Wünschelrute, Erdstrahlen, Radiästhesie«, Stuttgart 1985, Seite 28). Allerdings gibt es auch kuriosere und preiswertere »Abschirmmethoden«: Ein älterer Rutengänger riet mir, an den von ihm festgestellten »Reizzonen« leere Frankenweinflaschen aufzustellen. Diese würden die schädlichen Strahlen aufsaugen. Alle drei Wochen allerdings müssten die Flaschen ausgetauscht werden gegen neue. Ob die alten dann als giftiger Sondermüll entsorgt werden müssen?

Da gerade bei dieser Thematik immer wieder mit naturwissenschaftlichen Begriffen (schein)argumentiert wird und entsprechende Ansprüche erhoben werden, soll hier – und zugleich abschließend – kurz auf die Prinzipien wissenschaftlichen Denkens eingegangen werden. Wer Ansprüche dieser Art erhebt, muss sich auch gefallen lassen, daran gemessen zu werden.

3. Maximen der Wissenschaft

- Wissenschaft und Forschung sind frei. Es gibt weder Dogmen noch Tabus. Dies gilt auch für die Grenzgebiete.
- Diese Freiheit benötigt aber als Regulativ die Kritik, damit Hypothesen nicht unkontrolliert ins Uferlose wuchern.
- Die Beweislast trägt in der Wissenschaft stets derjenige, der eine neue These vorbringt. Ein ›Beweist mir doch das Gegenteil!‹ zählt nicht zu den wissenschaftlichen Spielregeln.

- Wissenschaft heißt, die Wahrheit zu suchen und zu bekennen. Die Geschichte zeigt, dass z.B. Manipulationen von Messergebnissen bestenfalls vorübergehende Erfolge brachten. Auch unbewusstes Wunschdenken hat schon zu zahlreichen Irrtümern geführt, wie etwa zur Entdeckung der ›Marskanäle‹. Gerade Grenzgebiete erfordern ein besonderes Maß an Unvoreingenommenheit, Strenge und Ehrlichkeit.
- Eine wissenschaftliche Theorie muss logisch aufgebaut sein und zu anderen bekannten Erscheinungen in sinnvoller Beziehung stehen. Sie muss kausal sein, d.h. Ursache und Wirkung verknüpfen, und nachprüfbare Vorhersagen liefern, also beweisbar sein. Ferner ist universelle Gültigkeit verlangt.
- Wissenschaftliche Experimente müssen reproduzierbar sein. Wird ein Versuch zu einer anderen Zeit, von einem anderen Experimentator und mit anderen Nachweisgeräten wiederholt, so muss er zum gleichen Ergebnis führen. Streuen zahlreiche Einzelergebnisse, so muss zumindest eine statistisch signifikante Reproduzierbarkeit gefordert werden.
- Liegen zahlreiche Einzelbeobachtungen eines Phänomens vor, z.B. UFO-Sichtungen, so ist der Existenzbeweis viel leichter zu erbringen als der entsprechende Gegenbeweis; im ersten Fall braucht man nämlich nur eine einzige Beobachtung zu verifizieren, während der vollständige Gegenbeweis die Falsifizierung sämtlicher Fälle erfordert. Dies sollte man beachten, wenn ein Phänomen mit umfangreichem Beobachtungsmaterial auch noch nach Jahren oder gar Jahrzehnten ungeklärt bzw. umstritten ist« (verkürzt aus: Löb H.: »Erdstrahlen und Wünschelruten«, in: Eberlein G. [Hrsg.]: »Schulwissenschaft – Parawissenschaft – Pseudowissenschaft«, Stuttgart 1991, Seite 24).

Vor allem dieser letzte Punkt ist zu betonen. Es gibt grundsätzlich zwei Arten von Aussagen mit unterschiedlicher Beweisführung: Einmal »echte Allaussagen«, bei denen die Widerlegung durch ein einziges *Gegen*beispiel erfolgen kann: »Alle Sterne sind Kugeln«; »Jeder Kupferdraht leitet Strom«; »Alle ...«; »Jeder ...«; »Niemand...«
Zum zweiten gibt es »echte Existenzaussagen«, die durch ein einziges Beispiel bewiesen werden können: »Es gibt außerirdische, intelligente Wesen«; »Es gibt in Grönland freilebende Krokodile«; »Der Pumuckl existiert wirklich« usw.
Die meisten Aussagen im para- und pseudowissenschaftlichen Bereich sind Existenzaussagen, d. h. dass diese Aussagen auch von den Behauptenden belegt und bewiesen werden müssen. Man kann nun mal nicht die Nicht-Existenz des Pumuckl beweisen!
Viele Gespräche über die Thematiken dieses Buches beginnen so: »Ich bin ja ein kritischer, skeptischer Mensch, der mit beiden Beinen im Leben steht, aber ...« Dann folgt meist die Erzählung eines Erlebnisses, das emotional stark beeindruckt hat und als Hinweis oder gar als Beweis dafür genommen wird, dass »es mehr Ding' im Himmel und auf Erden gibt, als unsere Schulweisheit sich träumen lässt« (der bekannte Spruch von Hamlet, I,5). Georg Christoph Lichtenberg erweitert mit seiner spitzen Feder ... (siehe oben, Seite 20) – womit Lichtenberg wieder auf die immer vorläufige Natur wissenschaftlicher Erkenntnis abzielte. »Was wir wissen, ist ein Tropfen. Was wir nicht wissen, ein Ozean« (Isaac Newton). Kein seriöser Wissenschaftler wird mit diesem Spruch Schwierigkeiten haben.

Kritisches Denken folgt diesen Prinzipien:
* Außergewöhnliche Behauptungen erfordern außergewöhnliche Beweise!
* Die Beweislast liegt beim Behauptenden! Es ist nicht die Aufgabe der Kritiker (der Skeptiker), zu beweisen, ob eine Behauptung richtig oder falsch ist.
* Behauptungen müssen grundsätzlich beweisbar, überprüfbar sein (was magische Behauptungen ausschließt).
* Die Beweismittel müssen öffentlich gemacht werden und allen kompetenten Kritikern zugänglich sein.
Die Überprüfung muss folgende Punkte einschließen:
– Angemessene Kontrollgruppen
– Doppelblindes Vorgehen;
– Veröffentlichte Methoden und Daten;
– Wiederholbarkeit der Ergebnisse durch jeden kompetenten, gut ausgerüsteten Kritiker (eine einzige Studie, selbst wenn sie sorgfältig erstellt wurde, ist nicht genug).
(aus: Skeptical Inquirer, Band 19, Nr. 3, Mai / Juni 1996)

Zum Abschluss noch ein Zitat aus Bert Brechts »Galileo Galilei«:
»*Galilei:* ... Sieh her, Sagredo! Ich glaube an den Menschen, und das heißt, ich glaube an seine Vernunft! Ohne diesen Glauben würde ich nicht die Kraft haben, am Morgen aus meinem Bett aufzustehen.
Sagredo: Dann will ich dir etwas sagen: Ich glaube nicht an sie. Vierzig Jahre unter den Menschen haben mich ständig gelehrt, dass sie der Vernunft nicht zugänglich sind. Zeige ihnen einen roten Kometenschweif, jage ihnen eine dumpfe Angst ein, und sie werden aus ihren Häusern laufen und sich die Beine brechen. Aber sage ihnen einen vernünftigen Satz und

beweise ihn mit sieben Gründen, und sie werden dich einfach auslachen.«

Ich fürchte, dass sich daran kaum etwas geändert hat. Nur: Wer die Hoffnung aufgibt, hat schon verloren ...

Anzeige

Wollen Sie

REICH

geboren werden?

Jetzt können Sie es!

Wenn Sie einer unter den vielen Millionen Menschen sind, die von der Realität der Wiedergeburt überzeugt sind, dann haben wir hier für Sie ein einmaliges Angebot:

Zunächst einmal hinterlassen Sie uns treuhänderisch 10 000 DM oder mehr in Ihrem Testament.

Nach Ihrem Ableben wird unser professionelles Medium mit Ihrem Geistwesen im Jenseits Kontakt aufnehmen.
Sie teilen uns dann mit, wann und unter welchem Namen Sie zurückkehren werden.
Nach Ihrer Wiedergeburt fragen wir Sie am 21. Geburtstag nach Ihrer siebenstelligen Rechnungsnummer. Wenn sie uns diese angeben können, überreichen wir Ihnen an Ort und Stelle einen Barscheck über Ihre ursprüngliche Einzahlungssumme plus Zinsen!

Je länger Sie weg waren, desto mehr werden Sie erhalten!
Sie können also als Millionär wiedergeboren werden!

Zeigen Sie jetzt schon, wieviel Ihnen Ihre Zukunft wert ist - hinterlassen sie uns ein großzügiges "Willkommens - Geschenk"!
Um den Rest kümmern wir uns!

Unser Repräsentant im Diesseits: Institut für holistische Transformationsmetaphysik, zertifizierter Dipl. - Inspirationsmoderator und magischer Energetiker Wolfgang Dog

Kritische Literatur zum Vertiefen der Einzelbereiche

BLACKMORE S. / HART-DAVIS A.: Testen Sie Ihre übernatürlichen Kräfte – Finden Sie die Wahrheit selbst heraus; Landsberg 1998

BARZ H.: Was Jugendlichen heilig ist!? Prävention im Bereich Sinnfragen, Patchwork – Religion, Heilsversprechen, Okkultismus; Freiburg 1998

BECK-BORNHOLDT H.-P. / DUBBEN H.-H.: Der Hund, der Eier legt – Erkennen von Fehlinformationen durch Querdenken; Hamburg 1997

BECKERS H.-J. / KOHLE H. (Hrsg.): Kulte, Sekten, Religionen – Von Astrologie bis Zeugen Jehovas; Augsburg 1994

COWARD R.: Nur Natur? Die Mythen der Alternativmedizin – Eine Streitschrift; München 1995

DEUTSCHER BUNDESTAG: Neue religiöse und ideologische Gemeinschaften und Psychogruppen in der Bundesrepublik Deutschland; Endbericht der Enquete-Kommission »Sogenannte Sekten und Psychogruppen«; Bonn 1998

DEUTSCHER BUNDESTAG / Enquete-Kommission »Sogenannte Sekten und Psychogruppen (Hrsg.): Neue religiöse und ideologische Gemeinschaften und Psychogruppen« – Forschungsprojekte und Gutachten der ...; Hamm 1998 (Hoheneck-Verlag)

EBERLEIN G. L. (Hrsg.): Schulwissenschaft – Parawissenschaft – Pseudowissenschaft; Stuttgart 1991

EISENHAUER G.: Scharlatane – Zehn Fallstudien; Frankfurt 1994

FEDERSPIEL K. / HERBST V. / STIFTUNG WARENTEST: Die Andere Medizin – Nutzen und Risiken sanfter Heilmethoden; Berlin 1996

FEDERSPIEL K. / LACKINGER-KARGER I.: Kursbuch Seele – Was tun bei psychischen Problemen? Beratung – Selbsthilfe – Medikamente; 120 Psychotherapien auf dem Prüfstand; Köln 1996

FUNKE K.: Erste Auskunft »Sekten«, Okkultismus, Esoterik, Neue Religiosität; Leipzig 1994

GOLDNER C.: PSYCHO – Therapien zwischen Seriosität und Scharlatanerie; Augsburg 1997

GOLEMAN C. G.: Lebenslügen und einfache Wahrheiten – Warum wir uns selbst täuschen; Weinheim 1991
GRANDT G. u. M.: Erlöser, Phantasten, Verführer und Vollstrecker; Aschaffenburg 1998
GROSS W. (Hrsg.): Psychomarkt – Sekten – Destruktive Kulte; Bonn 1996
HARDER B.: X – Akten gelöst; Aschaffenburg 1999
HARRIS M.: Fauler Zauber – Wie der Mensch sich täuschen lässt; Stuttgart 1993
HEMMINGER H. / KEDEN J.: Seele aus zweiter Hand – Psychotechniken und Psychokonzerne; Stuttgart 1997
HÖHN M.: Sympathie für den Teufel – Kritischer Ratgeber Okkultismus; Köln 1993
HUND W.: Okkultismus: Materialien zur kritischen Auseinandersetzung; Mülheim 1996
HUND W.: Das gibt's doch gar nicht! Okkultismus im Experiment; Mülheim 1998
KERN G. / TRAYNOR L.: Die esoterische Verführung – Angriffe auf Vernunft und Freiheit; Aschaffenburg 1995
KRAMER J. / ALSTAD D.: Die Guru-Papers; Masken der Macht; Frankfurt/M. 1995
KUGEL W.: Hanussen – Die wahre Geschichte des Hermann Steinschneider; Düsseldorf 1998
LANG R.: Wenn die Sterne das Leben bestimmen – Vom Schaden und Nutzen der Astrologie; Gütersloh 1997
LEHMANN A.: Aberglaube und Zauberei; (Neuauflage) Bindlach 1990
MAGIN U.: Von Ufos entführt – Unheimliche Begegnungen der vierten Art; München 1991
MAGIN U.: Trolle, Yetis, Tatzelwürmer – Rätselhafte Erscheinungen in Mitteleuropa; München 1993
MAGIN U.: Geheimwissenschaft Geomantie – Der Glaube an die magischen Kräfte der Erde; München 1996
MAJAX G.: Die Welt der Illusionen – Okkultismus, Spiritismus, paranormale Phänomene und ihre Macher vom Mittelalter bis heute; Bergisch Gladbach 1996
OEPEN I. / PROKOP O.: Außenseitermethoden in der Medizin – Ursprünge, Gefahren, Konsequenzen; Darmstadt 1986
OEPEN I. / SARMA A. (Hrsg.): PARAMEDIZIN – Analysen und Kommentare; Schriftenreihe der Gesellschaft zur wissenschaftlichen Untersuchung von Parawissenschaften (GWUP), Band 2; Münster 1998

OEPEN I. / SARMA A. (Hrsg.): Parawissenschaften unter der Lupe; Schriftenreihe der Gesellschaft zur wissenschaftlichen Untersuchung von Parawissenschaften (GWUP), Band 1; Münster 1998
OEPEN / FEDERSPIEL / SARMA / WINDELER (Hrsg.): Lexikon der Parawissenschaften – Astrologie, Esoterik, Okkultismus, Paramedizin, Parapsychologie kritisch betrachtet; Schriftenreihe der GWUP, Band 3; Münster 1999
OEPEN / SCHEIDT: Wunderheiler heute – Eine kritische Literaturstudie; München 1989
OEPEN I. (Hrsg.): An den Grenzen der Schulmedizin – Eine Analyse umstrittener Methoden; Köln 1985
PLATTA H.: New-Age-Therapien pro und contra; Weinheim 1994
PÖPPEL E:: Grenzen des Bewusstseins – Über Wirklichkeit und Welterfahrung; Stuttgart 1988
PROKOP O. / WIMMER W.: Der moderne Okkultismus; Stuttgart 1987
PROKOP O. / WIMMER W.: Wünschelrute, Erdstrahlen, Radiästhesie; Stuttgart 1985
PROKOP O. (Hrsg.): Medizinischer Okkultismus; Stuttgart 1977
RANDI J.: The Faith Healers; New York 1989
RANDOW G. v.: Mein paranormales Fahrrad und andere Anlässe zur Skepsis (entdeckt im »Skeptical Inquirer«); Hamburg 1993
RANDOW G.v.: Der Fremdling im Glas und weitere Anlässe zur Skepsis, entdeckt im »Skeptical Inquirer«; Hamburg 1996
SAGAN C.: Der Drache in meiner Garage oder: Die Kunst der Wissenschaft, Unsinn zu entlarven; München 1997
SCHÄFER H.: Poltergeister und Professoren – Über den Zustand der Parapsychologie; Bremen 1994
SCHEICH G.: Positives Denken macht krank – Vom Schwindel mit gefährlichen Erfolgsversprechen; Frankfurt 1997
SILBERMANN A.: Propheten des Untergangs – Das Geschäft mit den Ängsten; Bergisch Gladbach 1995
STIFTUNG WARENTEST (siehe Federspiel / Herbst)
WATZLAWICK P.: Wie wirklich ist die Wirklichkeit? Wahn – Täuschung – Verstehen; München 1992
WEGNER D.: Die Spirale im Kopf – Von der Hartnäckigkeit unerwünschter Gedanken – Die Psychologie der mentalen Kontrolle; Hamburg 1992